좋은 정치란 어떤 것일까요?

궁금했어, 정치

글 김준형　　그림 박종호

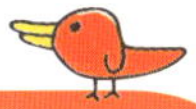

좋은 정치란 어떤 것일까요?

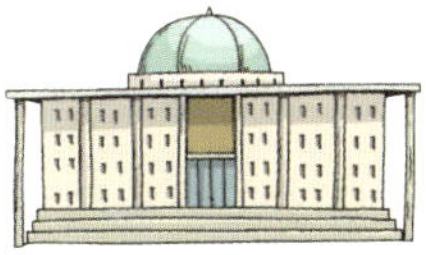

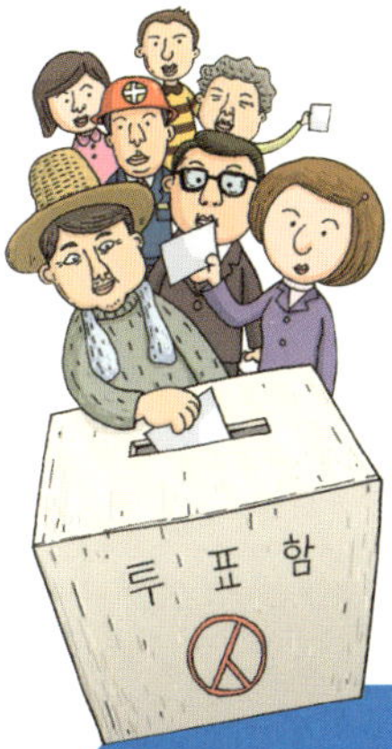

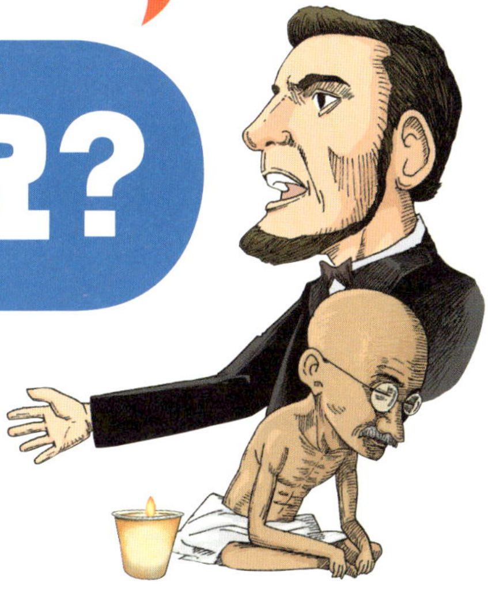

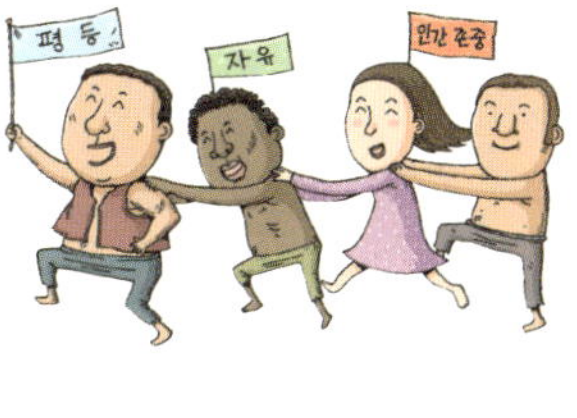

머리말

인간을 인간답게 만드는 열쇠, 좋은 정치

좋은 정치란 과연 어떤 것일까요?

이 물음은 이 책의 제목이기도 하지만 정치학을 하는 학자로서, 그리고 한국 사회를 살아가는 시민으로서 제가 늘 고민하는 문제이기도 하답니다. 이 책을 읽게 될 어린이 여러분은 미래의 시민이며, 미래의 정치가들이지요. 그래서 여러분보다 조금 먼저 태어나 좋은 정치란 무엇인지 고민하며 살아온 한 사람으로서 작은 선물을 주고 싶었어요. 이것이 이 책을 쓰게 된 가장 큰 이유랍니다. 책 내용에도 나오지만, 저는 '인간은 정치적 동물이다.'라는 아리스토텔레스의 말을 좋아해요. 그래서 인간은 정치를 떠나서는 살 수 없는 존재라는 가장 널리 알려진 뜻 외에도, 여기에 담긴 또 다른 뜻이 무엇인지 생각해 보곤 합니다. 이 말에서 정치라는 단어를 빼면 인간은 동물이라는 말이 되지요. 바로 인간이 정치를 잃어버리면, 또는 인간이 정치를 제대로 해내지 못하면 동물이나 다름없게 된다는 거예요! 원하는 것을 더 많이 가지려고 서로 싸움만

하는 그런 모습 말이에요.

　사람들이 갖고 싶어 하고 욕심내는 것들은 대체로 비슷하지요. 그런데 모든 사람의 욕심을 다 채울 수는 없어요. 서로 더 많이 가지겠다고 으르렁대고 싸우는 동물들처럼 될 수도 있는 상황에서, 다툼을 조정하고 공평하게 나누어 주는 역할을 하는 것이 바로 정치랍니다.

　정부와 정치가가 있는데도 힘 있고 돈 많은 사람들이 약하고 가난한 사람들의 몫까지 모조리 가져간다면 그 정치는 나쁜 정치이며, 인간 사회를 동물의 왕국으로 만드는 거예요. 다시 말해, 좋은 정치는 인간을 인간답게 만드는 열쇠라고 할 수 있어요. 인간은 기본적으로 천사가 아니라 이기적이고 욕심 많은 존재이기 때문에 법과 제도를 통해 다스리는 정치가 꼭 필요하지요. 인간은 이기적이지만 한편으로는 타인도 배려할 줄 아는 이성을 가지고 있어서 노력만 하면 좋은 정치를 할 수 있거든요.

　정치는 한두 번 잘했다고 그만인 것이 아니라, 항상 잘해야 하는 것이에요. 그런데 늘 잘하기는 어렵겠죠? 때로 뒷걸음질하는 경우도 있고, 도저히 희망이 보이지 않을 때가 있을 수 있어요. 하지만 좋은 정치를 향한 노력을 멈추어서는 안 돼요. 그래서 사람들은 정치에 대해 '완벽함(best)'을 기대하기보다는 '보다 나은 것(better)'이 되어야 한다고 말한답니다.

　이 책은 모두 8장으로 나누어 정치의 여러 가지 모습을 설명했어요. 먼저 정치가 필요한 이유와 재미있는 정치가 가능한지에 대해서 살펴보고, 정치 제도 가운데 가장 훌륭한 제도로 꼽히는 민주주의에 대해 알아보았어요. 또한 정부가 어떻게 운영되는지 알아보고, 국민들이 정치에 참여하는 방법인 선거와 여론의 의미도 다루었어요.

　중간중간 여러분이 이해하기에는 어려운 내용이 나올 수도 있

을 거예요. 그렇더라도 책을 놓지 말고 끝까지 읽어 보세요. 정치라는 세계를 바라보는 여러분의 눈이 활짝 열릴 테니까요. 그리고 각 장이 끝나는 부분에는 '생각 넓히기'를 마련했어요. 정해진 답은 없으니까, 여러분의 상상력과 기발한 생각을 마음껏 펼쳐 보세요. 여러분 하나하나가 훌륭한 민주 시민으로 성장해 가는 데 이 책이 조금이나마 도움이 되었으면 좋겠어요. 아직은 나이가 어려서 직접 선거를 하거나 전문적인 정치인이 될 수는 없겠지만, 가능한 범위 안에서 관심을 가지고 참여해 보세요. 그래서 여러분이 주인공이 되는 미래에는 많은 사람들을 행복하게 해 주는 '좋은 정치'가 이 땅에 이루어졌으면 좋겠어요.

김준형

차례

머리말

인간을 인간답게 만드는 열쇠, 좋은 정치 · 4

 1장

정치는 왜 필요할까요? · 10

 **2장**

좋은 정치, 재미있는 정치는 가능할까요? · 26

 3장

민주주의 제도는 어떻게 변해 왔을까요? · 42

 4장

좋은 정치 제도란 어떤 것일까요? · 62

 5장

어떤 사람들이 정치를 하나요? · 80

 6장

좋은 정치와 선거는 어떤 관계가 있을까요? · 98

 7장

우리의 목소리를 어떻게 전할까요? · 114

 8장

관심과 참여가 만드는 좋은 정치 · 134

1장 정치는 왜 필요할까요?

여러분에게 정치가 왜 필요한지에 대해 설명을 시작하기 전에 몇 가지 이야기를 들려줄게요. 다음의 세 가지 이야기를 잘 생각하면서 읽어 보세요.

첫 번째 이야기

맛있는 피자 한 판을 앞에 두고 형과 동생이 서로 조금이라도 더 먹겠다고 싸우고 있어요. 우리 주위에서 흔히 볼 수 있는 모습이죠? 형은 자기가 나이가 많고 키도 크기 때문에 당연히 더 많이 먹어야 한다고 우기고, 동생은 지금까지 좋은 것, 큰 것은 전부 형이 차지했다고 투덜댔어요. 다른 건 몰라도 피자는 자기가 가장 좋아하는 음식이기 때문에 절대 양보할 수 없다고 버텼어요.

그러자 형은 아버지가 자기에게 돈을 주었기 때문에 피자를 더 많이 먹을 권리가 있다고 말하고, 동생은 아빠가 싸우지 말고 사이좋게 나누어 먹으라고 하지 않았냐며 대들었어요.

그때 집에 돌아온 큰누나가 끼어들어 자기가 알아서 나누어 주겠다며 피자를 삼등분했어요. 그러자 문제가 더 커졌어요. 자기 몫으로 돌아온 피자의 양이 오히려 줄어 버렸거든요. 집안은 더 시끄러워졌어요. 결국 세 사람은 아빠에게 달려갔어요.

아빠는 누나가 했던 대로 피자를 삼등분해서 똑같이 나누어 주었어요. 그러면서 가족끼리 먹을 것을 가지고 다툰다고 나무라셨고, 사이좋게 나누어 먹으면 주말에 또 피자를 시켜 주겠다고 했어요. 형제는 화가 덜 풀렸지만, 아빠의 말을 따랐답니다.

두 번째 이야기

"학교에 교장 선생님이 없어졌어요!"

"선생님들도 모두 사라졌어요!"

이렇게 학교에 선생님들이 없어지고, 그래서 지켜야 할 규칙들도 사라진다면 어떤 일이 일어날까요? 모든 아이들이 한꺼번에 운동장에 나와서 축구를 하려 한다거나 수업 시간에도 이리저리 돌아다니고, 점심시간이 아닌데도 배가 고프다며 뭔가를 먹는 아이들이 있을지 몰라요. 그뿐 아니지요. 힘센 아이들이 약한 아이들을 괴롭히고 짓궂은 행동을 해도 누구도 선뜻 말릴 수가 없을 거예요. 생각만 해도 끔찍한 일이지요?

세 번째 이야기

〈혹성탈출〉이라는 영화를 본 적 있나요? 지구가 원숭이들에게 정복당하는 내용인데, 큰 인기를 얻어서 지금까지 일곱 번이나 새로 만들어진 영화랍니다. 2011년에도 '진화의 시작'이라는 이름으로 〈혹성탈출〉이 다시 한번 극장가에 등장했어요.

이번에는 옛날의 줄거리를 그대로 가져온 것이 아니라, 왜 사람들이 원숭이들에게 정복당하게 되었는지 그 이유를 알려 주는 내용을 담았어요. 특히 인간을 위해 실험 대상으로 사용되던 원숭이들을 이끌고 인간의 지배에 맞서 혁명을 이끈 '시저'라는 원숭이의 탄생과 성장 과정이 나오지요.

원숭이들이 갇힌 감옥에서 시저가 지도자로 새롭게 태어나는 과정을 자세히 살펴보면 우리 인간들이 처음에 어떻게 권력을 쥐고, 사회를 이루고, 사람들을 이끌어 왔는지 짐작할 수 있답니다.

정치란 과연 무엇일까요?

옛날부터 정치가 무엇인가에 대해서는 많은 주장들이 있어 왔어요. 간단하게 말하자면 정치란 '사람들 사이에서 생기는 의견 차이나 이익의 차이로 인해 생기는 갈등을 해결해 주는 행위'예요. 좁게는 '국가를 다스리는 권력을 차지하고 지키기 위한 모든 활동'이라고 할 수 있지요.

옛 성인이었던 공자는 정치를 가리켜 '바로잡음(正)'이라고 말했어요. 바로잡음이란 올바름을 추구한다는 뜻이므로, 이는 곧 정의를 추구하는 것이 정치라는 말이지요. 또 바로잡음이란 '이름을 바로잡는 것', 그러니까 자신에게 주어진 역할을 잘하는 것이라고도 했어요. 임금은 임금다워야 하고, 신하는 신하다워야 하며, 아비는 아비답고, 자식은 자식다워야 한다는 거지요.

앞의 세 가지 이야기는 우리에게 정치가 왜 필요한지를 알려 주는 예랍니다. 흔히 인간은 사회적 존재라고 하지요. 인간은 홀로 떨어져 살 수 있는 존재가 아니라 다른 사람들과 관계를 맺고 교류해야만 살아갈 수 있다는 말이에요.

여러분은 혹시 혼자 살고 싶다는 생각을 한 적이 있나요? 물론 가끔씩 부모님의 공부하라는 잔소리나 선생님의 엄한 꾸지람을 들을 때는 아무도 없는 곳에 가서 혼자 있고 싶은 기분이 들 때도 있겠지만, 그런 생각은 잠시일 뿐이지요. 외롭고 무서워서 누구도 오랫동안 혼자 살지는 못할 거예요. 그렇기 때문에 우리는 함께 모여서 사회를 이루고 살아가는 거랍니다.

동물 중에도 인간과 비슷하게 집단생활을 하는 종들이 있어요. 하지만 그저 무리를 이뤄 모여 사는 것일 뿐, 인간처럼 복잡하고 세련된 체계를 이루고 있는 것은 아니에요.

영화 〈혹성탈출〉의 원숭이들도 집단생활을 하고 지도자가 있지만, 기본적으로 본능이나 힘의 차이에 의해 생겨나는 약육강식의 질서만 있어요. 그러므로 인간과 같은 정치 활동은 불가능하지요. 물론 영화에서는 원숭이들이 인간의 지능을 가지게 되면서 점

점 정치적 모습을 갖추는 것으로 나타나지만, 그건 영화의 상상력일 뿐이에요.

그래서 고대의 철학자 아리스토텔레스는 인간을 '정치적 동물'이라고 했어요. 참 멋진 말이죠?

여러분이 만약 정치가 무엇이며 왜 필요하냐고 묻는다면, '행복하기 위해서'라고 대답할 수 있어요. 정치를 어떻게 하느냐에 따라 우리는 행복해질 수도 있고, 불행해질 수도 있답니다. 정치는 갈등과 다툼을 조정하고 해결하는 역할을 하지요. 그러니 정치가 없다면 사회 질서는 지켜지기 힘들어요. 대부분의 사람들은 서로 자기가 더 많은 것을 가지려고 하거든요.

동물의 세계에서는 힘센 동물이 더 많이 가지고, 약한 동물을 잡아먹는 것이 당연한 일이에요. 그런데 우리 인간도 가끔 이렇게 동물들처럼 될 때가 있지요. 세계 역사 속에서도 그랬고, 우리나라 역사에서도 많은 예가 있어요. 또 지금 이 시간에도 지구상 어디에선가 일어나고 있는 일이고요. 아무튼 인간은 이기심과 약육강식의 본능이 있지만, 이성과 지성을 함께 가지고 있기에 폭력보다는 대화를 통해서, 서로 조금씩 양보하면서 갈등을 해결하고 조정한답니다. 그래서 인간을 정치적 동물이라고 하는 거랍니다.

인간은 천사가 아니기 때문에 정치가 꼭 필요해요.
그리고 인간은 동물이 아니기 때문에 정치를 할 수 있지요.

앞에 소개한 세 가지 이야기 중에 피자 나누기에 대해 다시 생각해 볼까요? 누구나 자주 겪을 수 있는 일인데, 여러분이라면 어떻게 했을까요? 만약 피자를 뷔페식당에서 먹고 있었다면 과연 형제가 싸웠을까요? 물론 아니겠지요. 양껏 먹을 수 있기 때문에 다른 사람이 얼마나 먹는지에 대해 화낼 필요도 없고, 더 먹기 위해 다툴 필요도 없겠지요.

우리가 사는 세상도 마찬가지예요. 우리 사회에는 필요한 자원이 무한대로 있는 것이 아니랍니다. 자원은 부족한데 원하는 사람들은 훨씬 더 많지요. 그래서 질서 있게 공평하게 나누어 주는 역할이 꼭 필요한 거예요. 이것이 정치의 가장 기본적인 역할이지요.

정치는 어떤 역할을 할까요?

정치의 가장 중요한 역할은 개인이나 집단이 서로 더 많이 가지려고 하면서 벌어지는 다툼을 조정하고, 국가의 권력을 지키는 거예요. 오늘날 민주 사회에서는 개인의 의사를 존중하다 보니 많은 사람들이 자기주장만 하기가 쉽답니다. 하지만 누구나 자기주장만 한다면 늘 싸움이 벌어지겠지요? 이런 혼란을 막기 위해 공적인 국가(또는 정부)를 만들어 공평한 권력이 되도록 조정하는 거예요.

앞서 첫 번째 이야기에서 아버지가 세 남매에게 피자를 나누어 주었을 때 문제가 해결되기는 했지만, 자신의 몫이 줄어든 탓에 형

제는 여전히 불만이 남아 있었지요. 그런데 왜 누나가 같은 방법으로 해결하려 했을 때는 싫다고 했으면서 아버지의 결정은 받아들였을까요? 누나보다는 아버지가 공정하게 일을 처리할 거라는 믿음이 있어서예요. 국가도 마찬가지랍니다. 기본적으로 개인보다는 국가가 공정하게 일을 처리한다는 믿음이 깔려 있기 때문에 그 결정을 받아들이는 것이지요. 게다가 민주주의 국가에서는 국가의 대표자를 국민이 스스로 선택하기 때문에 설사 불만스러운 결정을 내린다 하더라도 받아들이기 쉬워요.

이것 말고도 정치가 필요한 이유는 또 있어요. 앞에서 인간은 동물과 다르기 때문에 폭력보다는 대화를 통해 갈등을 조정할 수 있다는 말을 했지요? 세상에는 힘으로 억눌러 피자를 독차지하는 고약한 형 같은 사람들이 많아요. 그래서 중간에서 질서를 잡아 줄 아버지 같은 존재가 없다면, 힘이 약한 동생은 번번이 손해를 볼 수밖에 없지요. 힘이 센 사람들이 늘 이기고, 약한 사람들은 늘 빼앗긴다면 억울한 사람들이 얼마나 많이 생기겠어요? 정치는 이렇게 약한 사람이라고 늘 당하기만 하는 불공평한 사회가 되지 않도록 해 주지요.

그러니까 국가가 있고 정치가 있는데도 힘을 가진 사람이 전부 가져 버리고 약한 사람은 늘 빼앗기기만 한다면 옳은 국가, 옳은 정치가 아니지요. 물론 이런 나쁜 정치가 지금도 없는 것은 아니에요. 그렇기 때문에 우리 모두는 보다 나은 정치를 만들기 위해 노력해야 하는 거랍니다.

 이번에는 두 번째 이야기를 다시 살펴볼까요? 학교에 규칙이 없어져 혼란스러워진 상황에서 배울 수 있는 교훈은 무엇일까요? 그래요! 정치는 법과 규칙을 정해서 사람들이 어울려 살아야 하는 이 사회를 질서 있게 해 주어요. 여러분은 혹시 거센 바람이나 갑작스런 폭우 때문에 신호등이 모두 꺼져 버렸을 때를 경험한 적이 있나요? 사람들도 차도 모두 우왕좌왕하고, 사고가 날 것 같은 아찔한 장면들이 계속해서 펼쳐지지요. 정치는 이런 상황에서 신호등처럼 사회의 질서를 지키고 혼란을 막아 주는 매우 중요한 역할을 한답니다.

 정치가 하는 좋은 역할은 또 있어요. 우리의 소중한 자유를 지켜 주는 거예요. 정치는 곧 권력이라고 할 수 있어요. 다시 말해 사람들에게 명령을 내리고 강제로 시킬 수 있는 힘을 가지고 있지요. 그런데 이러한 권력이 법대로 공정하게 사용되지 않고, 권력을 가진 사람들이 자기 욕심을 위해 다른 사람들을 괴롭힌다면 어떻게 될까요? 먹고 싶은 것도 마음대로 못 먹게 하고, 입고 싶은 옷도 못 입게 한다면 얼마나 답답할까요?

 감옥을 생각하면 이해하기 쉬울 거예요. 죄수를 감옥에 따로 가둬 두는 것은 범죄를 저지른 데 대한 처벌이기도 하고, 그냥 둘 경우 다른 사람들에게 위협이 되기 때문이지요. 그런데 범죄를 저지르지도 않았는데 죄수들만큼 자유가 없다면 너무 억울하겠지요?

다른 나라에게 침략을 당해 주권을 잃어버리면 그 나라 국민들의 자유도 사라져요. 나라의 주권은 곧 자유거든요. 우리나라도 과거에 일본에게 이런 일을 당한 적이 있지요. 그때 윤봉길 의사, 안중근 의사, 유관순 열사 등 수많은 독립투사들이 우리나라의 주권을 되찾기 위해 국내는 물론 만주, 일본, 미국 등 해외에서까지 목숨을 걸고 일제에 대항해 싸웠어요. 그분들의 희생이 있었기에 우리는 지금 주권, 곧 자유를 누리고 살고 있지요.

《성경》에 나오는 모세의 이야기를 들어 본 적이 있나요? 모세는 이집트의 왕자였지만 자기가 이스라엘 사람인 것을 알고 나서, 자기 민족을 이집트에서 탈출시켜 노예 신분에서 벗어나게 하지요. 바로 자유를 얻기 위해서예요. 그래서 국가는 국민들이 다른 국가에게 정복당해 자유를 잃어버리지 않도록 자국의 영토와 국민을 지킬 군대를 만들고 유지한답니다.

정치는 왜 필요할까요?

그러면 정치가 무엇이며, 왜 필요한지에 대해 앞에서 설명한 것을 정리해 볼게요.

첫째, 인간은 정치를 필요로 하는 사회적 존재이기 때문이다.
둘째, 우리가 가진 자원은 부족한데, 그것을 원하는 사람들은 많아서 잘 조정하지 않으면 다툼이 생기기 때문이다.

셋째, 정치가 없다면 동물처럼 약육강식의 사회가 되어 약자가 늘 빼앗기는 무섭고 불공평한 사회가 되기 때문이다.

넷째, 이렇게 정치는 자유로운 사회를 지키기 위해 꼭 필요하다.

이 네 가지를 다시 한 문장으로 줄이면 이런 것이지요.

정치는 자유와 질서 안에서 조화롭고 행복하게 살기 위해서 반드시 필요하다!

생각 넓히기

❶ 우리가 사는 사회에서 정치가 꼭 필요하다는 것은 이해가 가는데, 정치가 사람들을 행복하게 해 준다는 것은 쉽게 이해하기 어려워요. 여러분의 생각은 어떤가요?

❷ 영화 <혹성탈출>을 보고 친구들이나 가족과 함께 왜 정치가 필요한지에 대해 이야기를 나누어 보세요.

❸ 《로빈슨 크루소》는 무인도에서 혼자 28년을 산 사람의 이야기입니다. 물론 소설 속 이야기이지만, 우리에게 과연 인간은 혼자 살 수 있는가라는 중요한 질문을 던져 주지요. 《로빈슨 크루소》를 읽고, '인간은 사회적 동물이다.'라는 말에 대한 자신의 생각을 써 보세요.

2장 좋은 정치, 재미있는 정치는 가능할까요?

　정치가 잘되면 국민 모두가 행복하고 편안하게 살 수 있지만, 잘못되면 국민들이 불행해질 수 있답니다. 정치가 약한 사람을 보호하고 나쁜 사람들을 벌주는 일이고, 그래서 사회의 정의와 질서를 지킨다고 말했지요? 과거에도 그랬지만 오늘날에도 힘이 센 사람들이 돈과 권력을 옳지 못한 방법으로 독차지하면서 가난하고 힘없는 사람들을 괴롭히는 경우가 많아요. 그렇기 때문에 우리는 좋은 정치를 통해서만 모두가 행복한 세상을 만들 수 있답니다. 다시 말하면 우리가 행복해지기 위해서는 좋은 정치가 꼭 필요한 거예요.

깨끗한 정치는 가능할까요?

　사람들은 깨끗하게 살고 싶으면 정치를 하면 안 된다는 말을 종종 해요. 이것은 정치를 하면 많은 사람에게 자신의 모습을 드러내게 되고, 그러다 보면 그 사람에 대한 좋은 이야기도 듣지만 나쁜 이야기도 많이 듣게 되기 때문에 하는 말이에요. 큰 업적을 남긴 과학자나 예술가들이 정치를 하겠다고 나서면 사람들은 축하해 주기보다는 안타까워하지요. 한 분야에서 존경할 만한 업적을 남긴 사람이 정치라는 구렁텅이에 빠져 나쁜 물이 들 것이라는 걱정을 하기도 하고, 다른 한편으로는 그동안 업적을 쌓은 것이 다 정치를 하기 위해서였다는 비난을 하기도 하지요. 특히 우리나라에서는 정치에 대해 이렇게 나쁜 인상을 가지고 있는 것이 사실이에요. 정치에 대해 좋은 인상을 가지고 있다는 미국 사람들조차도 "정치란 원래 그런 거야(그러니 얼씬도 하지 마라)!"라는 뜻인 "It is politics, baby!"라는 말을 자주 한답니다.

여러분도 부모님이 정치나 정치하는 사람들에 대해 별로 좋지 않게 이야기하는 것을 많이 들었을 거예요. 특히 국회의원들은 자주 사람들의 조롱거리가 되지요. 서로 으르렁대거나 비난하는 것은 보통이고, 어떨 때는 국회의사당 안에서 몸싸움까지 벌이기도 하니까요. 어디 그뿐인가요? 정치인들이 꼭 갖추어야 할 자세가 국민들에게 믿음을 주는 것인데, 국민들은 오히려 "정치인이 하는 말을 어떻게 믿어?"라고 말할 정도지요.

대통령이나 국회의원 후보들은 선거에 앞서 '공약(公約)'이라는 것을 발표합니다. 공약이란 '공적인 약속'으로, 자기가 당선되면 이런저런 일들을 하겠다고 국민들에게 공개적으로 발표하는 약속이에요. 그런데 많은 사람들은 이를 두고 공약(空約), 그러니까 빈 약속, 가짜 약속이라고 말해요. 당선되기 위해 온갖 달콤한 말로 국민들에게 아부하는 것일 뿐이라고요. 그만큼 정치가들 중에는 선거에 당선이 되고 나면 시치미를 떼는 경우가 많답니다.

대립과 충돌도 민주 정치의 한 부분이에요

이렇듯 지금까지 우리는 일상생활 속에서 정치의 나쁜 면만을 자주 보아 왔어요. 정치인들이 자신의 잇속만 차리면서 겉으로만 국민을 위하는 척하니까요. 하지만 정치가 정말 그렇게 나쁘기만 한 것일까요? 잘 생각해 보면 꼭 그렇지만은 않답니다.

정치와 정치가들은 바로 국민의 이익을 위해 대신 일하는 거예요. 그러니 좋은 정치를 하도록 만들어야지, 잘못을 저지르고 있다고 해서 없앨 수 있는 것은 아니에요. 앞서도 말했지만 사람은 누구든지 자기가 가장 많이 갖고 싶어 합니다. 그런데 이 세상에 우리가 원하는 것들은 대부분 무한정 있는 것이 아니지요. 그래서 누구는 많이 가지고, 누구는 적게 가질 수밖에 없어요. 아예 못 가지는 사람들도 생겨나고요. 게다가 사람들의 생각은 모두 다르고, 원하는 이익도 다릅니다. 더욱 어려운 것은 어느 한쪽의 생각이 틀렸다기보다는 서로의 입장이 다르기 때문에 다툼이 일어나는 경우도 많다는 거예요.

그러니까 정치가들이 자신에게 투표해 준 사람들의 이익을 위해 싸우는 게 당연한 일인지도 몰라요. 예를 들어 볼까요? 울산광역시를 생각해 보세요. 우리나라 자동차 생산의 중심지로, 노동자들이 많이 살고 있는 도시예요. 그러니 울산에서 뽑힌 국회의원은 노동자의 이익을 위해 일하는 것이 당연하지요. 기업의 입장을 대변하는 국회의원과는 당연히 의견이 다를 수밖에 없고, 그래서 때로는 논쟁도 하고 부딪치기도 하는 거예요.

물론 국회의원들이 몸싸움을 하는 것은 옳지 않아요. 그렇지만 자기를 뽑아 준 유권자들을 위해 법의 테두리를 벗어나지 않는 범위 안에서 목소리를 높이고 치열하게 다투는 것을 무조건 비판할 수는 없어요. 또 이것이 정치를 멀리하는 이유가 되어서는 더더욱 안 되지요. 오히려 법안을 놓고 대립과 충돌이 일어나는 것 또한 민주 정치의 한 부분이며, 하나의 방법임을 인정해야 한답니다.

미국 역사상 최초의 흑인 대통령이 된 버락 오바마는 그의 자서전이라고 할 수 있는 책인 《담대한 희망》에서 왜 정치에 뛰어들려고 하는가라는 사람들의 질문에 이렇게 답하지요.

"사람들이 그런 생각(정치는 깨끗하지 못하다는 생각)을 가지는 것은 이해합니다. 그러나 정치는 또 다른 의미가 있습니다. 우리는 서로에 대한 관심과 이해관계를 가지고 있기 때문에 우리를 단결시키는 힘이 분열시키는 힘보다 더 강하다는 것입니다. 지금보다 더 많은 사람들이 그런 생각이 옳다고 믿고 행동한다면, 모든 문제를 해결하지는 못해도 상당한 일을 이룰 수 있습니다. 약간만 조정

해도 모든 어린이가 자신의 인생을 개척하도록 도와줄 수 있고, 국가적으로 어려운 문제들도 잘 대응할 수 있는 것입니다."

사람들이 정부나 정치에 대해서 실망하는 것은 기대가 너무 크기 때문인지도 몰라요. 하지만 정부가 모든 일을 다 할 수 있는 만병통치약은 아니랍니다. 다툼을 해결하는 것이 정치의 기본이기는 하지만, 아무리 설득하고 차이를 좁히려고 해도 생각과 이해관계가 너무 달라서 해결할 수 없는 경우도 많아요. 그래도 정치가 이 세상에 없다면 세상은 훨씬 더 나빠질 거예요. 힘 있는 사람들의 횡포에서 약한 사람들을 그나마 지켜 줄 수도 없을 거고요. 이렇듯 정치는 아름답고 깨끗해서 좋은 것이라기보다는, 반드시 있어야 하는 거랍니다.

한 가지만 더 설명할게요. 정치 없이는 인간 사회의 평화와 안전, 행복을 이루기가 힘들어요. 그러다 보니 때로 강제력을 사용해 구성원들에게 복종과 의무를 지워야 하지요. 그래서 마키아벨리라는 철학자는 정치를 몸의 반은 인간이고, 나머지 반은 짐승인 괴물로 비유했어요. 그래요! 정치는 천사와 악마의 모습을 다 가지고 있지요. 더욱이 정치가도 인간이고 이기적인 욕심을 가진 사람들이에요. 그래서 정치를 망가뜨리고 우리에게 불행을 주기도 하는 거지요. 이것이 좋은 정치를 이루기가 힘들고, 좋은 정치가를 선택하기가 어려운 이유랍니다.

정치는 생각보다 어렵지 않아요

정치에 대해서는 '깨끗하지 않은 것'이라는 생각과 더불어 '어렵다'는 불평도 자주 나와요. 정부 기관은 수많은 법률을 만들고, 수많은 정책을 시행하기 때문에 복잡하게 느껴지는 것이 당연해요. 게다가 보이지 않는 곳에서도 끊임없이 무언가가 이루어지고 있는 것이 정치니까요. 그러니 수십 년 경력을 가진 정치가들조차 "정치는 정말 어렵다."라고 자주 하소연하지요. 정치는 엄청난 에너지가 솟아오르고, 인간이 가진 다양한 마음이 얽히고, 또 수많은 이해관계가 충돌하는 세계거든요.

그렇지만 정치의 기본은 사람을 행복하게 하는 것이므로 양보하고 희생하는 마음을 가지면 어렵지 않아요. 우리 사회에는 정말 다양한 사람들이 모여 살아가고 있어요. 우리 주변만 둘러보아도 사람들의 모습과 성격, 하는 일이 제각각이잖아요? 하지만 우리가 모든 것을 다 알아야 하는 건 아니에요. 여러분이 텔레비전이나 컴퓨터를 만들 수는 없어도, 그것을 사용하고 즐기는 데는 아무런 문제가 없는 것처럼요. 물론 좀 더 알수록 더 잘 사용할 수 있겠지요. 여러분들이 정치에 관심을 갖고 가족이나 이웃의 생활과 관련된 것부터 찬찬히 알아 가면, 그것으로도 충분하답니다.

그런데 왜 어린이들까지도 정치를 알아야 하는 걸까요? 신문이나 텔레비전에 나오는 정치 뉴스는 우리 어린이들이 알아듣기가 힘들어요. 어깨너머로 듣는 어른들의 대화도 마찬가지이고요. 게다가 어른들이 나쁘다고 말하는 정치를 왜 일찍부터 알아야 하는 걸까요? 어른들이 술이나 연애 같은 건 어른이 된 뒤에 배우라고 하는 것처럼 정치도 이렇게 천천히 알아 가는 것이 더 좋지 않을까요?

정치는 어른들만 알고, 또 정치인들만 하는 것이 아니에요. 정치는 어린이들에게도 큰 영향을 끼친답니다. 2011년에 여당(현재 정권을 쥐고 있는 정당)과 야당(현재 정권을 쥐고 있지 않은 정당)이 다투었던 가장 큰 사건이 바로 여러분들의 점심, 곧 무상 급식에 관한 것이었어요. 한마디로 정치의 결과에 따라 여

러분의 점심이 달라질 수도 있다는 말이에요. 그래서 "정치는 곧 밥이다!"라는 말까지 있는 거예요. 정치를 어떻게 하느냐에 따라 여러분이 받을 교육의 기회가 달라지기도 해요. 교육받을 기회가 달라지면, 여러분의 미래가 영향을 받을 수 있고요. 조금 과장하면, 정치가 잘못될 경우 여러분이 아무리 노력해도 마음껏 꿈을 펼칠 수 없는 불행한 미래가 다가올 수도 있다는 말이지요.

   선거를 하려면 만 18세가 되어야 하고, 또 전문적인 정치가가 되려면 아직 많은 시간이 흘러야 하지만, 정치에 대해서 일찍부터 관심을 가지고 알아 가는 것이

더 좋아요. 그래서 가족과 이웃이 행복하게 살 수 있는 나라를 만드는 일에 함께하면 참 좋겠네요.

정치는 생각보다 재미있어요!

사람들은 우스갯소리로 우리나라는 정치만 빼고는 전부 잘한다고들 말해요. 정치만 없으면 벌써 세계 최고의 선진국이 되었을 거라고요. 그런데 우리나라 사람들은 그 '못난' 정치에서 조금도 떨어져 있지 않으려 한다는 사실을 알고 있나요?

다른 나라와 비교하면 우리나라 사람들이 정치 이야기를 가장 많이 한다고 해요. 그토록 정치를 혐오하면서도 사람들이 모이기만 하면 정치 얘기를 하는 것이 신기할 정도이지요. 택시를 타도, 버스 안에서도, 부동산 사무실에서도, 공원, 식당에서도 모이기만 하면 정치 이야기가 빠지지 않아요. 그래서 슬프기도 해요. 가장 싫어하는 것과 함께 살아가는 셈이니 말이에요. 아마도 잘되었으면 하는 기대와 바람이 채워지지 않아서 원망과 불평으로 나타나는 것일지도 모르겠네요.

아무튼 우리나라 사람들은 정치에 약간 중독되어 있는 것 같기도 해요. 신문의 제일 앞면을 차지하는 것은 대부분 정치 관련 뉴스이지요. 텔레비전 뉴스에서도 정치에 관한 소식부터 먼저 보도되고요. 정치인들을 싫어하면서도 항상 뉴스를 보고 싶어 하는 어른들의 마음을 이해하기 힘들지요? 재미없어 보이는 뉴스 채널을 기어이 선택하는 부모님이 이상하기도 하고요.

재미도 없는 것 같은 정치에서 왜 사람들은 벗어나지 못하는 것일까요? 앞에서도 설명했듯이 정치와 인간 사회가 떼려야 뗄 수 없는 관계이기 때문이에요. 더구나 정치는 실제로 관심을 가지고 나면 꽤 재미있기도 하답니다. 드라마처럼 인간의 이야기를 담고 있으니까요. 정치를 어떻게 하느냐에 따라 개인은 물론이고 국가의 운명마저 바뀔 수 있다는 것이 두렵기는 하지만, 한번 도전해 볼 만한 흥미로운 일이에요. 더욱이 사람을 행복하게 만들 수 있는 좋은 정치라면, 정치를 하는 사람들뿐 아니라 그것을 바라보는 사람들에게도 즐거움과 행복을 줄 테니까요.

하지만 모든 사람을 만족하게 할 수는 없기 때문에 결국 누군가 조금 손해를 볼 수밖에 없고, 아마도 손해를 보는 사람은 정치가 재미없겠지요. 하지만 일방적으로 밀어붙이거나 부자나 권력자들 마음대로 정하지 않고, 사람들과 충분히 토론하고 의견을 나눈 후에 공정한 결정을 내린다면 조금이라도 나은 해결책을 찾을 수 있어요. 바로 이것이 정치의 매력이지요.

미래의 정치는 여러분이 주인공이에요

여러분들도 커 나가면서 세상이 어렸을 때 생각했던 모습과는

다르다는 것을 조금씩 알게 될 거예요. 그리고 우리 모두가 바라는 행복한 세상을 만들려면 가야 할 길이 멀다는 것도 깨닫게 되겠지요. 그래도 포기하지 않고 앞으로 나아가야 해요. 우리 조상들이, 그리고 부모님들이 우리 사회를 좀 더 행복하고 나은 세상으로 바꾸려고 애써 왔던 정신을 이어받았으면 좋겠어요. 그중에 반드시 이루어야 할 일이 바로 정치의 발전이랍니다. 그래요! 현실의 정치는 문제투성이이지만, 고칠 수 있는 여지도 많답니다. 더 좋은 정치, 그리고 재미있는 정치를 기대하며 여러분도 함께 뛰어 봐요.

  어린이 여러분은 이 나라의 주인공이에요. 미래는 여러분이 만들어 나가는 것이지요. 세상을 행복하게 만들고 싶다면 꼭 정치를 하라고 부탁하고 싶어요. 정치는 세상을 변화시키는 힘을 가지고 있거든요. 정치는 놀라운 세계이고, 꿈이 있는 사람이라면 꼭 한번 도전해 볼 만한 선택이랍니다.

생각 넓히기

❶ 정치에 대해서 지금까지 어떤 이야기를 가장 많이 들어 왔나요? 여러분의 머릿속에 떠오르는 정치란 어떤 건가요? 엄마나 아빠, 그리고 어른들이 얘기하는 정치는 어떤 것이었나요?

❷ 정치가 좀 더 재미있으려면 어떤 것들이 제일 먼저 바뀌어야 한다고 생각하나요? 재미있는 정치를 만들기 위해 여러분들이 가진 생각을 마음껏 펼쳐 보세요! 좋은 생각을 잘 모아 놓으면 나중에 정치인이 되어 자신의 정치 공약으로 사용할 수 있을지도 모르잖아요?

❸ 정치가 어른뿐 아니라 어린이들에게도 미치는 영향에는 어떤 것이 있을까요? 또 비록 선거권은 없지만 여러분이 정치를 알아야 하는 이유를 정리해서 적어 보세요.

3장 민주주의 제도는 어떻게 변해 왔을까요?

　이번에는 민주주의 역사에 대해서 살펴볼 거예요. 민주주의는 영어로 '데모크라시(Democracy)'라고 해요. 이 말은 민주주의가 최초로 시작된 곳인 그리스의 '데모스(demos)'라는 단어와 '크라티아(kratia)'라는 단어가 합쳐진 거예요. 데모스는 '국민' 또는 '시민'을 뜻하는 말이고, 크라티아는 '정치' 또는 '지배'라는 뜻이지요. 그래서 데모크라시, 곧 민주주의란 '국민에 의한 정치'라는 뜻이지요.

　이렇게 민주주의는 왕이나 몇몇 사람들이 권력을 독차지하고 사람들을 지배하는 것이 아니라 모든 국민이 권력의 주인이 되는 제도를 말해요. 국민이 직접 정치에 참여할 수도 있고, 때로는 자기 대신 대표를 선택해서 정치를 맡기기도 하지요.

　민주주의의 가장 중요한 원칙은 국민의 뜻이 정치의 중심이 되어야 한다는 거예요. 그래서 민주주의 국가라고 하면 국민이 선거에 자유롭게 참여할 수 있어야 하지요. 두 개 이상의 정당이 있고, 그중에서 국민이 선택할 수 있어야 하고요. 또 국민이라면 누구든지 단체를 만들 수 있고, 자신의 생각을 말과 글로 자유롭게 표현할 수 있어야 해요.

 이 밖에도 민주주의에서는 인간을 존중하고, 자유와 평등의 가치를 중요하게 여기지요. 인간은 어떤 모습으로 태어나든 상관없이, 인간이기 때문에 존중받아야 해요. 그리고 자기가 원하는 것을 스스로 선택할 수 있는 자유를 가져야 하고요. 물론 뭐든 마음대로 할 수 있다는 말은 아니에요. 사람은 함께 더불어 살아가야 하기 때문에, 내 자유가 다른 사람의 자유를 방해하거나 억압하지 말아야 해요. 인간은 누군가에게 억압받거나 구속당해서는 안 되는 존재인 것만은 분명해요. 인간은 스스로 결정하고, 그 결정에 대해서도 책임을 져야 합니다.

 또 인간은 평등한 존재예요. 자신이 얼마나 노력하는가에 따라 결과는 달라질 수 있지만, 기회를 가지기도 전에 차별받아서는 안 된다는 말이지요. 과거에는 노예에 대한 차별, 여성에 대한 차별, 흑인에 대한 차별 등이 특히 심했어요.

 이렇게 민주주의는 인간 존중, 자유, 평등을 실천하려는 제도예요. 그중에서도 가장 중요한 것은 인간에 대한 존중이지요. 인간은 모두 귀한 존재이므로 자유롭고 평등하게 살아야 한다는 거예요.

 그런데 이러한 민주주의의 기초는 하루아침에 만들어진 것이 아니랍니다. 역사의 고비마다 수많은 사람들이 잘못된 정치, 사람들을 불행하게 하는 정치를 바로잡기 위해 목숨 걸고 싸웠어요. 아직도 완전하지는 않지만, 그분들이 흘린 피와 희생 덕분에 지금 우리들이 민주적인 제도 아래 살고 있는 것이지요.

민주주의의 역사는 크게 세 시기로 나눌 수 있어요. 고대 아테네의 직접 민주주의, 민권 혁명에 의한 근대 시민 민주주의, 그리고 현대 대중 민주주의예요.

고대 아테네의 직접 민주주의

민주주의가 뿌리 내린 것은 20세기에 와서이지만, 그 시작은 상당히 오래전부터예요. 고대 그리스의 여러 도시 국가 중 하나인 아테네가 바로 민주주의의 뿌리랍니다. 민주주의라는 말도 그리스어에서 출발했다고 했지요? 아주 오랜 옛날에는 모든 나라를 왕이 다스렸을 거라고 생각하기 쉽지만, 아테네는 달랐어요. 아테네도 처음에는 왕이 다스리는 국가였지요. 그러다가 시간이 흐르면서 여러 명의 귀족들이 함께 다스리게 되었어요. 그러다 보니 한 사람보다는 여러 사람이 함께 다스리는 것이 더 낫다는 생각을 하게 되었고, 그런 생각이 발전해서 마침내 시민들이 참여하는 민주 정치로 넘어오게 된 것이지요.

특히 아테네 민주주의의 전성기로 불리는 페리클레스 시대(기원전 5세기)에는 시민권을 가진 성인 남자라면 누구나 참여해 자신의 의사를 표시하고 통치에 필요한 결정을 할 수 있었어요. 이것을 '민회'라고 하지요. 민회는 법을 정하고, 재판관도 뽑고, 나라의 중요한 결정을 하는 오늘날의 정부와 같은 역할을 담당했지요. 그래서 아테네의 민주 제도를 '직접 민주주의'라고 부른답니다. 모든 사람들이 나라를 다스리는 일에 직접 참여했다는 점에서 아테네의 민주주의는 그야말로 민주주의 정신을 가장 잘 실천한 것이었지요.

또 관리들이 일하는 모습을 지켜보다가 일을 잘못한다든가 나쁜 일을 저지를 경우에는 투표를 해서 그 직위를 빼앗는 것은 물론이고, 아테네 밖으로 추방시키기도 했어요. 도자기 조각에 써서 투표를 한다고 해서 이를 두고 '도편(도자기 조각) 추방제'라고 불렀지요. 아테네 시민들은 이른 봄이면 광장에 모여 국가에 해를 끼칠 가능성이 높은 사람의 이름을 도자기 조각에 써서 제출했어요. 그리고 6천 명 이상이 같은 이름을 써내면 그 사람을 10년 동안 아테네 밖으로 추방했답니다.

그리스에서 200년 이상이나 지켜진 이 도편 추방제는 오늘날에도 약간 다른 모습으로 응용되고 있어요. 바로 '주민 소환제'라는 제도예요. 주민들이 투표로 뽑은 공직자가 잘못을 저지를 경우, 주민들이 다시 투표를 해서 공직에서 끌어내릴 수 있는 제도이지요. 우리나라에서도 2006년에 '주민 소환에 관한 법률'이 공표되었고, 이듬해인 2007년부터 시행하고 있답니다. 물론 아테네와는 달리 모든 공직자를 대상으로 하는 것은 아니에요. 지방 자치 단체장(시장, 도지사, 군수 등)과 지방 의원(도의원, 시·군의원)들에게만 적용되고 있지요. 그 지역에 사는 유권자 중 일정한 수 이상이 찬성하

면 주민 투표를 실시할 수 있고, 유권자 3분의 1 이상이 투표에 참여해 그중 과반수가 찬성하면 해임돼요.

도편 추방제나 오늘날의 주민 소환제는 일단 선거를 통해 국민의 대표자를 뽑고 나면 그 사람이 설사 나쁜 정치를 한다 하더라도 다음 선거까지 기다릴 수밖에 없다는 점을 보완하기 위해 만든 제도예요. 전체 시민의 뜻을 모아, 적극적으로 정치인에게 주권을 행사한다는 점에서 중요한 의미를 가지지요.

이런 많은 좋은 점에도 불구하고 아테네의 직접 민주주의를 오늘날 그대로 적용하기에는 근본적인 한계가 있어요. 우선 모든 시민들이 참여하기는 했지만 아테네의 모든 사람들이 시민권을 가지고 있지는 않았거든요. 당시 인구의 절반인 노예들은 시민이 아니었고, 여성들 역시 시민 자격을 얻지 못했지요. 그러니 아테네 인구 30만 명 중에서 10퍼센트 정도인 3만여 명만이 시민의 자격을 가지고 있었어요. 어찌 보면 이런 조건이었기에 직접 민주주의가 가능했다고도 할 수 있어요. 인구가 엄청나게 많아진 오늘날에는 직접 민주주의를 시행하기는 어렵겠죠? 그러나 아테네의 민주주의 제도는 이러한 한계에도 불구하고 민주주의의 뿌리로서 손색이 없는 훌륭한 제도였답니다.

다음은 아테네 민주주의의 전성기를 이룬 정치가이면서 총사령관이었던 페리클레스의 연설이에요. 이 연설문은 민주주의의 정신을 잘 보여 주고 있어서, 지금 봐도 흠잡을 데 없이 훌륭하지요.

"스파르타와 달리 아테네는 민주주의 정부다. 권력이 있는 몇몇 사람만이 주인이 아니라 모든 사람들이 주인이다. 이를 가리켜 우리는 민주주의라고 부른다. 모든 사람은 법 앞에 평등하며, 평등한 공적 권리를 누린다. 사회적 계급에 의해 권리가 주어지는 것이 아니라 능력에 의해 권리가 주어지는 사회다. 우리는 이웃의 생활을 간섭하지 않는다. 사생활에 있어서는 다양성과 관용성을 가지나, 공공의 문제에 대해서는 법을 준수한다. 우리 아테네는 세계에 개방되어 있는 자유로운 사회다."

근대 시민 민주주의

오늘날 좋은 정치라고 하면 당연히 민주주의 정치 제도이고, 좋은 정치 지도자의 조건으로 민주적인 지도자를 드는 데 반대하는 사람은 거의 없을 거예요. 그러나 이처럼 민주주의가 폭넓은 지지를 받게 된 것은 그리 오래되지 않았어요. 1945년 제2차 세계 대전이 끝난 이후의 일이니까요. 지금도 후진국들은 이념이나 제도로서는 민주주의를 받아들였지만, 실제로는 제대로 된 민주주의라고 말하기는 어렵지요. 우리나라는 1980년대 말, 동유럽 사회주의 국가들은 1990년대, 그리고 북아프리카와 중동 지역은 2010년에 와서야 민주화에 시동을 걸었으니까요.

아테네의 직접 민주주의도 오랫동안 사람들에게 좋은 정치 체제로 인정받지 못했어요. 고대의 유명한 철학자인 플라톤이나 아리스토텔레스도 민주주의에 대해서는 비판했으니까요. 특히 아테네가 몰락하는 시기에 살았던 플라톤은 민주주의가 국가의 중요한 일을 여러 사람의 변덕에 맡기는 위험한 방식이라고 생각했어요. 이처럼 민주주의가 무지하고 변덕스러운 군중에게 권력을 맡겨 혼란을 일으키는 위험한 제도라는 생각은 그 이후로도 오랫동안 계속되었지요.

아테네가 역사의 무대에서 사라지면서 민주주의도 역사 속으로 묻혀 갔어요. 그러다가 16세기에 접어들어 프랑스에서 민주주의라는 말이 다시 등장하기 시작했어요. 하지만 그 후에도 아리스토텔레스나 플라톤이 그랬던 것처럼 민주주의라는 말은 19세기 말까지 많은 철학자와 지식인들 사이에서 나쁜 의미로 사용되었답니다. 민주주의를 국민에 의한 국민의 통치라는 가장 좋은 제도로 이해하기보다는 다수의 횡포나 가난하고 무지한 사람들을 꾀어 선동하는 정치쯤으로 여겼던 것이죠.

민주주의가 본격적으로 인정받고 확대되기 시작한 것은 17~18세기 유럽과 미국에서 일어난 시민 혁명 덕분이에요. 시민 혁명으로 소수의 특권 계층이 아닌, 보다 많은 사람들이 참여하는 제도를 만들어야 한다는 생각이 널리 퍼지게 되었지요. 근대 사회 이전에는 봉건 사회였어요. 봉건 사회는 왕이나 귀족들이 모든 특권을 독차지하던 시대를 말해요. 일반 시민들은 죽어라 일만 하고, 때로 전쟁에 끌려 나가서 목숨 걸고 싸워야 했지요. 우리나라에서 양반과 상놈의 구분이 있던 시대와 비슷해요. 더 이상 참을 수 없었던 시민들은 이러한 사회 체제를 무너뜨리기 위해 떨치고 일어나게 되는데, 그것이 바로 시민 혁명이에요.

시민 혁명이 일어나는 계기가 된 두 가지 중요한 역사적 사건이 있어요. 바로 '근대 국민 국가'의 탄생과 '산업 혁명'이에요. 왕이나 국가는 봉건 사회뿐 아니라, 고대에도 있었어요. 그런데 그 왕들의 권력은 시대에 따라 매우 달랐지요. 특히 유럽에는 왕 말고도 강력한 권력들이 있었는데, 바로 가톨릭 교회의 우두머리인 로마 교황과 수많은 영주(성주)들이었답니다. 그런데 봉건제가 붕괴되고 근대 사회로 넘어가면서 자연스럽게 교황과 영주들의 권력도 사라졌어요.

먼저, 교황의 권력은 어떻게 사라졌을까요?

봉건 시대에는 유럽 전체가 가톨릭 교회를 따랐고, 교황은 정신적, 종교적 지주인 동시에 유럽 전체를 다스리는 황제와 같은 지위를 가지고 있었어요. 교황은 여러 국가의 왕위 계승 문제에도 간섭할 정도였지요. 그런데 1618년부터 약 30년간 유럽에는 교황을 중심으로 한 구교와 프랑스 왕을 중심으로 한 신교 국가들 사이에 큰 전쟁이 벌어졌어요. 그 결과 프랑스가 이끄는 신교가 승리하면서 유럽의 종교가 바뀌게 되었고, 다른 한편으로는 왕의 권한이 커지고 교황의 권력은 크게 줄어들게 된 거죠.

두 번째로 영주들은 왜 몰락하게 되었을까요?

바로 산업 혁명 때문이에요. 봉건 제도는 농업을 기반으로 하기 때문에 사람들이 농사를 짓고 살던 시대에는 봉건 영주들이 막강한 힘을 가질 수밖에 없었지요. 그런데 산업 혁명이 일어나면서 유럽 경제의 중심이 농업에서 상업과 공업으로 넘어가게 되었어요. 이러한 상공업의 주역들을 '부르주아(bourgeois)'라고 불렀는데, 바로 '재산을 많이 가진 사람들'이라는 뜻이에요. 이들은 농사를 지으면서 수확물을 영주에게 바쳐야 하는 봉건 제도가 너무 억울하다고 생각했지요. 그래서 고민 끝에 왕들과 손을 잡았어요. 왕들은 자기의 권력을 지키기 위해 군대를 만들고 국가 관리들을 유지해야 했고, 이를 위해 많은 돈이 필요했지요. 즉, 왕은 부르주아의 돈이 필요했고, 부르주아들은 교황과 영주가 지배하는 봉건 경제를 무너뜨리기 위해 왕의 힘이 필요했던 거예요.

왕과 시민이 한편이 되면서 교황과 영주의 권력은 점점 약화되었고, 마침내 봉건 체제는 무너질 수밖에 없었답니다. 영주들 중 일부는 시대의 변화를 읽고 재빨리 국민 국가로 탈바꿈해 왕이 되기도 했어요.

그런데 이들의 결합은 오래가지 않았어요. 왕은 부르주아의 재산만 이용하고 그들에게 권리는 주지 않으려 했으니까요. 왕의 권력은 신에게서 받은 것이라 주장하며 오히려 백성들을 억압했어요. 왕과 귀족들은 시민들이 피와 땀으로 번 돈을 세금으로 거두어들여

사치를 일삼고, 향락에 빠지기 시작했지요. 시민들은 더욱 가난해졌고, 세금은 오히려 무거워졌지요. 견딜 수 없는 지경에 이른 시민들은 결국 "대표(의회의 승인) 없이는 세금도 없다!"라고 선언하며 거리로 뛰쳐나왔답니다. 비로소 시민 혁명이 일어난 것이지요.

나라마다 조금 차이는 있지만 전 유럽에 시민 혁명의 바람이 불어닥쳤어요. 대표적인 것이 프랑스 대혁명이고, 영국 왕정에 대항한 청교도 혁명과 명예혁명, 그리고 사유를 위해 신내륙으로 건너가 민주주의 제도를 정착시킨 미국의 독립 혁명도 여기에 속하지요. 그러나 한두 번의 혁명으로 세상이 바뀐 것은 아니었어요. 권력을 빼앗기지 않으려는 왕과 귀족들의 저항도 만만치 않았거든요. 그러다 보니 절대 왕정의 복귀와 시민 혁명이 상당한 기간 동안 반복적으로 일어났어요. 그럼에도 시민이 권력을 가지는 민주주의의 거대한 물결은 거스르지 못했지요. 조금씩 조금씩 왕과 귀족 중심이던 정치가 시민들이 대표가 되는 의회 중심으로 바뀌게 되었답니다.

현대 대중 민주주의

앞에서도 말했듯이 시민 혁명으로 시작된 근대 민주주의가 쉽게 뿌리내리지는 못했어요. 프랑스에서도 대혁명 이후에 두 번의 혁명이 더 일어났지요. 근대 민주주의는 초기에는 왕과 귀족이라는 소수의 특권층을 상대로, 그리고 나중에는 정부의 권력으로부터 시민 개인의 자유를 어떻게 보장할 것인가에 몰두했어요. 정부의 권력을 최소화하여 개인의 자유와 사유 재산, 생명과 안전을 보장하는 정치 체제를 수립하고자 했던 것이지요. 그리고 근대 민주주의는 일정한 재산과 교양을 가진 부르주아에게만 주었던 시민의 자격을 점점 넓히기 시작했어요.

20세기 들어 자본주의가 폭발적으로 발전하고 사회의 규모가 점점 커지고 복잡해지면서, 본격적으로 대중 민주주의로 변화하기 시작했어요. 대중은 시민에 비해 훨씬 더 범위가 넓은 개념이지요. 여자든 남자든, 어떤 직업과 종교를 가졌든, 피부색이 어떠하든, 대학을 졸업했든 안 했든, 재산이 많든 적든 상관없이 성인이라면 누구나 선거권을 가질 수 있는 보통 선거제가 핵심으로 떠올랐지요.

아테네의 시민은 전체 인구의 고작 10분의 1이었고, 근대 시민도 성별이나 재산 정도에 따라 차별이 있었지만, 대중 민주주의는 그야말로 모든 사람에게 평등한 선거권을 주게 되었답니다.

또한 현대의 대중 민주주의에서는 선거권을 가진 대중의 숫자가 폭발적으로 늘고 사회 규모 또한 커지면서, 대표자들을 선거로 뽑아서 대신 권력을 행사하는 '대의제'가 등장했어요. 국민의 직접 지배가 아니라 대중의 동의에 의한 지배로 바뀐 거지요. 이런 대중 민주주의가 자리 잡은 것은 제2차 세계 대전 뒤부터예요. 규모가 엄청나게 크고 복잡해진 현대 사회의 어쩔 수 없는 선택이지요.

하지만 부작용도 만만치 않아요. 먼저 대의제에서는 국민이 주권을 행사하기가 쉽지 않거든요. 가뭄에 콩 나듯이 있는 선거에서 투표하는 것 말고는 국민의 의사를 표현할 방법이 별로 없으니까요. 게다가 투표율마저 점점 떨어지고 있어요. 반면에 정부의 힘은 점점 더 커지고 있지요. 이러한 현상은 국민에게 권력이 돌아간다는 민주주의의 정신이 희미해질 위험이 커진다는 말과 같답니다. 그래시 요즘 많은 사림들이 국민의 참어를 확대할 방법을 찾아야 한다고 요구하고 있어요.

우리나라의 민주주의

우리나라도 짧기는 하지만 위대한 민주화의 역사가 있답니다. 미국과 프랑스의 혁명에 견줄 수 있는 시민 혁명이 있었는데, 바로 1960년의 4.19혁명이에요. 대한민국 헌법 전문에도 올라 있는 4.19혁명은 이승만 대통령의 12년 독재를 무너뜨리고 이 땅에 민주주의를 알린 위대한 사건이었어요.

우리의 시민 혁명은 학생들이 앞장섰어요. 부정 선거를 저지른 독재 정권에 맞서 전국 각지에서 중·고등학생들뿐 아니라 초등학생들까지 나섰답니다. 어린 후배들의 희생을 보고만 있을 수 없었던 대학생들도 뒤따랐지요. 당황한 이승만 대통령이 경찰은 물론 깡패까지 동원해서 탄압했지만 국민들의 저항을 막지 못했고, 결국 스스로 대통령 자리에서 물러났어요. 비록 186명이 고귀한 목숨을 잃고 6천여 명이 부상을 입었지만, 4.19혁명은 일본 제국주의의 식민지에서 벗어난 것과 함께 우리에게 자유 민주주의의 출발을 알리는 너무나도 중요한 역사랍니다.

그러나 프랑스도 그랬듯이 독재라는 무서운 권력은 한 번에 쉽게 물러나지 않았어요. 남북한이 분단된 상황에서 막강한 힘을 가진 군인들이 정치에 욕심을 내면서 군사 정부가 연이어 등장했거든요. 우리나라는 다시 한번 27년간 군대와 경찰이 국민의 자유를 억압하는 고통의 시간을 겪어야 했답니다. 군사 독재 시절에는 머리를 기르거나 물들일 자유도 없었고, 신문사나 방송국에서도 자유롭게 기사를 쓸 수 없었어요. 읽어서는 안 되는 책들을 국가가 정했고, 어길 때는 감옥에 가야 했지요. 대통령도 국민이 직접 뽑지 못하고, 체육관 같은 곳에서 독재자가 자기에게 유리한 사람들만 모아 놓고 투표를 해서 대통령이 되었어요.

1987년 4월 13일 전두환 정권은 또다시 국민들의 소망을 무시하고 국민의 손으로 직접 대통령을 뽑자는 말조차 꺼내지 못하게 만들었어요. 그러나 고등학생이었던 김주열의 죽음이 4.19혁명의 불을 댕겼던 것처럼, 당시 서울대학교를 다니던 박종철이 형사들의 심한 고문 끝에 죽음을 당한 사건을 계기로 국민들은 본격적으로 저항에 나섰어요. 그리고 6월 9일 또 한 명의 대학생 이한열이 경찰이 쏜 최루탄에 맞아 목숨을 잃으면서, 국민의 저항은 거세게

타올랐지요.

   전국적으로 100만 명이 넘는 사람들이 거리 시위에 나섰고, 학생들뿐 아니라 넥타이를 맨 직장인들까지 시위에 참가했어요. 결국 전두환 정권은 견디지 못하고 국민의 요구를 받아들였지요. 국민의 힘으로 군부 독재를 마감한 또 하나의 위대한 사건이었어요.

   그럼에도 우리나라의 민주주의는 아직 완성되지 않았어요. 민주주의는 제도와 형식만 갖춘다고 되는 것이 아니니까요. 민주주의는 제도적인 형식뿐 아니라 생각하는 방식, 운영하는 방식, 그리고 의식의 문제이기도 하거든요. 민주주의는 한 번에 정착되는 것이 아니라 땅에 뿌리를 내리고 잘 자라도록 항상 물과 양분을 주면서 관리해 주어야 한답니다. 그러지 않으면 권력을 가진 사람들이 욕심을 부려 언제든 망가뜨릴 수 있기 때문이지요.

생각 넓히기

❶ 아리스토텔레스와 플라톤은 물론 근대의 많은 훌륭한 사상가들조차 민주주의는 좋은 제도가 아니라고 했어요. 심지어 사회 계약론으로 민주주의에 큰 공헌을 한 루소라는 사람도 민주주의를 두고 "신들에게나 어울리지 인간에게는 어울리지 않는다."라고 했지요. 민주주의가 실제로 실현되는 것은 매우 어렵다는 점을 강조한 말인데, 이와 같은 말을 한 까닭은 무엇일까요?

❷ 민주주의의 역사를 살펴보면서 우리가 얻을 수 있는 교훈은 무엇일까요? 민주주의를 이루는 데 왜 그렇게 많은 희생이 필요한 것일까요?

❸ 우리나라의 민주주의 역사에 대해 조사해 보고 자신의 의견을 정리해 보세요.

4장 좋은 정치 제도란 어떤 것일까요?

　아프리카 북부에 있는 나라 튀니지에서 과일 장사를 하던 모하메드 부아지지라는 스물여섯 살 청년이 있었어요. 그는 대학을 졸업했지만, 취직이 어려워 거리에서 과일 파는 일을 하고 있었지요. 여덟 식구가 모두 부아지지만을 의지하고 있었기 때문에 그는 매일 열심히 일해야 했어요. 그런데 2010년 12월 17일 시청 공무원들이 들이닥쳐, 노점상을 단속한다면서 팔고 있던 채소와 과일을 엎어 버리고 그를 때렸어요. 살길이 막막해진 그는 시청 앞에 가서 항의의 표시로 온몸에 휘발유를 뿌리고 불을 붙여 자살하고 말았답니다.

　이를 지켜본 튀니지 국민들은 이 모든 것이 부패한 독재 정권 때문이라고 여기고, 민주주의를 외치며 거세게 일어났어요. 들불같이 퍼져 나간 국민들의 저항으로 결국 24년이나 계속되었던 독재 정권이 무너졌지요.

　민주주의를 소망하는 불길은 튀니지에서 멈추지 않고 주변 국가로 번져 갔어요. 30년 이집트 독재자인 무바라크에 이어 리비아의 42년 철권 통치자 카다피 정권이 무너졌고, 이란, 시리아, 바레인 등에서도 국민들의 저항이 계속되었어요. 이를 두고 튀니지의 국화인 재스민의 이름을 빌려 '재스민 혁명' 또는 '중동의 봄'이라고 불러요.

이러한 사건이 생긴 것은 튀니지에 좋은 정치가 없었기 때문이에요. 그렇다면 좋은 정치란 어떤 것일까요? 과연 어떤 제도가 좋은 정치 제도일까요? 이 문제에 대해 오래전부터 많은 사람들이 고민을 거듭해 왔어요. 그렇게 하여 찾아낸 제도가 바로 민주주의 제도지요. 그렇지만 지금도 지구상에는 왕이 통치하는 국가도 있고 독재자들이 비민주적인 방법으로 권력을 휘두르는 나라들도 꽤 있답니다. 또 법적으로는 민주주의의 모양새이지만 실제로는 국민의 자유를 억압하고 있는 나라들도 많지요. 최근의 세계는 이런 나라들이 더 많아지고 있어요. 선거를 통해서 당선된 대통령이 권력을 잡은 후에는 권위주의나 독재처럼 변하는 것이지요. 러시아의 대통령 푸틴이 이런 경우인데요, 심지어 이웃 나라 우크라이나를 침공해 두 나라 모두에게 불행을 가져다주었답니다.

국민이 주인인 민주주의 정치 제도

민주주의는 정치의 주인이 국민인 제도예요. 인간은 귀한 존재이므로 자유롭고 평등해야 한다는 믿음이 곧 민주주의 제도의 기초라고 했지요? 그런데 가끔 민주주의가 절차도 복잡하고 모두 자기만 옳다고 주장하는 시끄러운 제도라고 생각하는 사람들이 있어요. 또 어떤 일을 결정할 때 너무 오랜 시간이 걸리기 때문에 일을 처리하기 어렵다는 주장도 있지요. 그러다 보니 솔로몬이나 세종대왕같이 지혜롭고 백성을 사랑하는 착한 왕이 다스리는 것이 더 좋은 정치라는 생각을 할 수도 있어요.

그래서 아주 오래전 그리스의 철학자인 플라톤은 변덕스럽고 무지한 백성들에게 정치를 맡기는 민주주의보다는 윤리와 진리에 대해 누구보다 많이 아는 지혜로운 철학자가 다스리는 것이 제일 좋은 정치 제도라고 주장했어요. 아무리 자유가 좋다고 해도 그 자유로 인해 이익을 서로 차지하려고 다툰다면 별로 바람직하지 않다고 여긴 것이지요. 민주화가 된 요즘에도 독재 시절이 오히려 낫다고 말하는 사람들이 간혹 있거든요.

그런데도 민주주의가 최고의 정치 제도로 손꼽히는 이유는 무엇일까요? 그것은 민주주의가 겸손한 체제이기 때문이에요. 다른 말로 표현하면 민주주의는 우리가 잘못을 저지를 가능성을 염두에 두고 이에 대한 대비책을 마련해 두고 있는 제도이기 때문에 좋은 거예요.

너무 어려운 말이라고요? 그렇다면 옛날에 왕이 다스리던 시대를 생각해 보세요. 선하고 지혜로운 왕이 다스릴 때는 백성들이 행복하지요. 그렇지만 나쁜 왕이 다스릴 때는 백성들의 삶이 비참해

져요. 늘 좋은 왕만 있다면 좋겠지만 백성들이 좋은 왕과 나쁜 왕을 선택할 수는 없어요. 좋은 왕이 될 성품과 능력을 전혀 갖추지 못했는데도 아버지가 왕이라는 이유로 왕위를 물려받기 때문이지요. 백성들은 권력이 없기 때문에 왕을 선택할 수도, 싫다고 쫓아낼 수도 없어요.

역사적으로 살펴보아도 국민을 섬기는 왕보다는 괴롭히는 왕이 훨씬 많았어요. 현대의 독재도 마찬가지예요. 국민들이 싫다고 바꿀 수 없는 체제잖아요. 정치에 관한 격언 중에 "권력은 부패하기 쉽고, 절대적인 권력은 절대적으로 부패한다."라는 유명한 말이 있어요. 맞아요. 권력자가 국민을 두려워하지 않고 자신의 권력이 아무도 무너뜨릴 수 없을 정도로 안전하다고 생각하면, 나쁜 권력이 될 가능성이 아주 높아요.

자, 이제 이해가 되나요? 민주주의는 인간이 기본적으로 이기적이며 불완전하다는 것을 인정하고, 이에 대비하는 제도랍니다. 누구든 나쁜 정치가가 권력을 잡고 나쁜 정치를 하면 그 사람을 교체할 수 있는 장치를 마련한 것이 바로 민주주의예요.

다수의 의견이 반영되는 민주주의 제도

민주주의가 좋은 정치 제도라고 말할 수 있는 이유가 또 한 가지 있어요. 바로 민주주의 제도에서는 대부분의 정치적 결정이 상식적인 수준에서 이루어질 수 있고, 그렇게 될 때 더 나은 결정이 될 수 있다는 점이에요. 정치적 결정을 내릴 때 가장 세련되고 탁월한 의견을 고르는 것이 아니라, 많은 사람들이 찬성하는 의견을 고르는 것이니까요.

철학자들은 대중의 어리석음이나 민주주의의 변덕에 관해서 비판했지만, 이들도 여러 사람의 판단이 한 사람의 판단보다 더 나을 수 있다는 것에 대해서는 반대하지 않았답니다. 칸트라는 철학자도 처음에는 지식을 숭상하고 무식한 사람들을 깔보았지만, 나중에는 이를 크게 뉘우치는 고백을 했어요.

물론 다수의 판단이 반드시 옳지 않은 경우도 있겠지요. 그리고 외교나 과학 같은 분야는 올바른 정책을 세우기 위해 전문적인 지식이 꼭 필요해요. 하지만 국민의 기본적인 삶과 관련된 일들은 많은 사람들이 찬성하는 선택만으로 충분하답니다.

우리나라의 헌법 제1조는 '대한민국은 민주 공화국이다.'라는 말로 시작해요. 민주 국가는 국민이 권력을 가진 체제이고, 국민이 권력의 기초라는 뜻이지요. 즉, 정치가들은 국민의 자발적인 동의를 기초로 하여 국민을 대표해 정치를 하는 거예요. 그렇기 때문에 넓은 의미에서 정치는 정치가만 하는 것이 아니랍니다. 앞에서도 말한 것처럼 정치는 인간 사회에 꼭 필요한 것이고, 누구나 어떤 형태로든 참여하고 있는 거지요.

정치 제도의 차이를 구별하는 첫 번째 기준은 누구에게 권력의 중심이 있는가 하는 거예요. 더불어 그 권력이 어떻게 사용되고 있는가도 중요합니다. 이 두 가지 기준은 서로 연결되어 있을 수밖에 없지요. 민주주의는 공동의 문제를 놓고 여러 사람이 참여해서 토론을 통해 결정해요. 이를 두고 '민주적 권력 행사'라고 하지요. 사람들의 의견이 다 다를 수도 있어요. 그럴 때는 더 많은 사람들의 의견을 따르는 '다수결의 원칙'을 택합니다.

그렇다고 해서 소수 의견을 무조건 무시할 수는 없어요. 소수 의견도 존중되어야 하며, 특히 헌법으로 보장하고 있는 국민의 권리는 다수라고 해서 마음대로 빼앗거나 제한하지 못하지요. 민주주의는 모든 사람들의 권리를 보장한다는 원칙을 가지고 있기 때문에 적은 수의 사람들이 가진 의견이라고 해도 존중하며, 할 수 있는 데까지 타협하는 노력이 필요해요.

반면에 다수가 아닌 소수가 지배하는 권력은 몇몇 사람의 이익을 위해 권력이 사용되지요. 그러다 보니 당연히 자유로운 토론을 통해 국민 대다수의 의견을 묻기보다는 권력자들 마음대로 결정하고요. 예를 들어 전쟁을 생각해 볼까요? 여러분들이 직접 전쟁을 겪은 적은 없겠지만 전쟁이 얼마나 참혹하고 사람들을 불행하게 만드는지는 잘 알고 있을 거예요.

이에 관해서 철학자 칸트는 이렇게 말했답니다. "민주주의 제도는 여러 사람의 의견이 반영되는 제도이므로, 자신의 욕심을 위해 많은 사람들을 비극적인 전쟁에 몰아넣는 비민주적인 국가들보다는 더 평화적이다."라고요. 국민들을 비극적인 전쟁에 몰아넣었던 히틀러나 김일성 같은 독재자들을 생각하면 귀 기울여 볼 만한 주장이지요.

군주제와 전체주의

이제부터는 민주주의와 구별되는 비민주주의 정치 체제에 대해 알아보도록 해요. 대표적으로 군주제와 전체주의, 권위주의 체제를 들 수 있어요.

시민 혁명이 일어나기 전에는 대부분의 국가가 왕이 통치하는 군주제였어요. 군주제는 왕 한 사람이 모든 권력을 가지고 하고 싶은 대로 통치하는 것을 말해요. 그러나 앞 장에서 살펴본 대로 시민 혁명은 이 권력을 시민에게 돌려주는 역할을 했어요.

이쯤에서 여러분들의 질문이 나올 수도 있을 것 같네요. 그래요. 지금도 왕이 있는 나라가 있지요. 일본, 영국, 태국, 모나코, 쿠웨이트 등 약 30개 나라에 아직도 왕이 있어요. 그러나 절대적인 힘을 가졌던 옛날과는 달리, 지금은 권력이 거의 없는 상징적인 존재이거나 그 나라의 정신적인 기둥 역할만 하고 있지요.

아무튼 군주제는 이렇게 시민들의 힘에 의해 무너졌고, 그 과정이 수백 년이나 걸렸답니다. 그런데 군주제가 사라지고 시민 민주주의가 자리 잡게 되자, 이번에는 전체주의가 등장해 민주주의를 위협했어요.

권력을 가진 지배자가 국민들의 모든 생활을 철저하게 감시하고 탄압하는 전체주의는 비민주적인 정치 체제 중에서도 가장 나쁜 제도라고 할 수 있어요. 시민 혁명으로 인간의 존엄성과 자유, 평등의 가치를 드높였지만, 전체주의는 이를 모두 무너뜨리려고 했지요.

20세기 초에 등장한 독일의 나치즘과 이탈리아의 파시즘, 일본의 군국주의, 소련의 스탈린주의는 이름은 조금씩 다르지만 모두 전체주의 정치 체제랍니다. 전체주의는 그 말처럼 전체를 개인보다 우선으로 생각하는 거예요. 언뜻 들으면 단합이나 애국심, 공동체 의식을 떠올리게 하기 때문에 나쁘지 않게 들릴 수도 있지요. 그러나 이는 정치적으로 개인의 자유를 억압하는 매우 나쁜 정치 제도예요. 당연히 한 사람 한 사람, 인간의 소중함을 최고의 가치로 여기는 민주주의 정신을 반대하지요.

전체주의는 또한 개인의 권리가 국가 권력을 위해 통째로 희생되어야 한다고 주장한답니다. 게다가 히틀러가 그랬듯이 자기 민족만 우수하다고 믿으며, 다른 국가나 인종들은 없어져야 한다는 극단적인 생각도 할 정도예요. 그 결과 나치 독일은 수백만 명의 유대인을 끔찍하게 학살했고, 세계를 상대로 전쟁까지 일으켜 6천만 명이 넘는 사람들이 죽었어요. 또한 국내 정치적으로도 독일 제국의 부활을 위한다면서 자유를 억압하고, 비판적인 신문사와 잡

지사, 출판사, 방송국 등을 강제로 문 닫게 했지요.

권위주의

전체주의 다음으로 비민주적인 제도는 권위주의예요. 권위주의란 특정 개인이나 집단의 이익을 위해 권력과 지위를 이용하는 체제를 말하지요. 권력 소유자가 정치적인 권력을 독차지하기 때문에 국민이 정치에 참여하는 것을 막아요. 대략 전체주의와 민주주의 체제의 중간쯤에 있는 여러 형태를 가리키는 말이라고 생각하면 돼요.

권위주의는 보통 민주주의 체제로 넘어가는 과정에서 많이 나타나요. 의회와 사법기관, 헌법 등도 갖추고 있는 경우가 많은데, 이들 국가 기관들이 국민의 뜻을 반영하기보다는 몇몇 권력자들의 권력을 강화하고, 국민의 복종을 강요하는 수단으로 사용될 때 권위주의라고 할 수 있지요.

우리나라의 경우 이승만 정권과 박정희 정권, 전두환 정권 등은 독재 정권이지만, 학자들은 전체주의보다는 권위주의로 분류하는 것이 더 적절하다고 주장해요. 일상생활이나 비정치적인 분야에서는 어느 정도 자유를 누렸지만, 정치 권력에 대해서는 자유를 억압당했기 때문이에요.

제2차 세계 대전 이후 많은 국가들이 민주화되었고, 1990년대 초에 접어들어서는 구소련과 동유럽 대부분의 국가들이 민주화의 큰 물결에 휩싸였어요. 그러나 겉으로는 민주적인 제도를 갖추고 있으면서도 실제로는 국민들의 정치적 권리를 억압하고, 국가 기관은 국민에게 봉사하기보다는 권력 유지에 이용되는 권위주의 체제를 가진 나라들을 아직도 많이 발견할 수 있답니다.

그리고 나라 전체를 권위주의라고 못 박을 수는 없다 하더라도, 국가가 국민들보다는 권력자를 위해 움직이는 일은 우리나라를 포함해서 세계 어느 나라에서도 일어날 수 있어요. 아무리 민주적인 제도와 형식을 갖추었더라도 진정한 민주주의를 향한 노력을 멈출 수 없는 이유가 바로 여기에 있답니다.

공산주의

민주주의의 반대말은 무엇일까요? 가장 많이 나오는 대답은 '공산주의'입니다. 하지만 이는 옳은 대답이 아니에요. 공산주의는 경제 체제를 구분하는 용어이지 정치적으로 민주 또는 비민주 체제를 구분하는 말은 아니거든요. 민주주의의 반대말은 공산주의가 아니라 '독재'이며, 공산주의는 자본주의의 반대말이라고 해야 맞아요.

공산주의는 자본주의가 빈부의 차이를 심하게 만들고, 돈(자본)을 가진 사람들이 가난한 사람들의 것을 빼앗는 제도이므로 처음부터 국민들에게 재산을 공평하게 나누어 주자고 주장하지요. 공동으로 재산을 가지자는 뜻에서 '공산'인 거지요. 반대로 자본주의는 개인에게 재산을 모으고 관리할 수 있게 하는 자유의 가치를 평등의 가치보다 더 중요하게 생각하지요.

공산주의는 19세기에 마르크스라는 사람이 주장했어요. 마르크스는 영국에서의 자본주의가 가난한 사람들은 아무리 일해도 더 가난하게 만들고, 부자들의 배만 채우는 것을 보고 잘못된 제도라고 생각했어요. 빈부 격차를 심하게 하는 자유보다는 모든 사람이 일해서 번 돈을 똑같이 나누어 가지는 평등이 훨씬 낫다고 믿었지요. 그의 이런 생각은 20세기 초 러시아에서 공산주의 혁명으로 꽃을 피우게 되었어요.

하지만 자본주의의 자유 때문에 생기는 빈부의 차이도 문제지만, 마르크스가 말하는 공산주의도 문제가 있어요. 남들보다 열심히 일해도 똑같은 돈을 받는다면 아무도 더 열심히 일을 하지 않게 될 테니까요. 게다가 공산주의라는 이름으로 권력을 잡은 사람들은 공산주의의 이상을 제대로 펼치기보다는 자신들의 권력을 위해 똑같이 국민 위에 군림하려 하거든요.

그런데 왜 사람들은 민주주의의 반대말을 공산주의라고 생각할까요? 특히 우리나라에서 이렇게 부르는 일이 많은데 그것은 우리가 분단국가이고, 북한이 공산주의를 내세우기 때문이에요. 구소련이나 북한, 그리고 동유럽의 많은 공산주의 국가들이 실제로 독

재 체제라는 점에서 그런 식의 표현을 해 왔던 거예요. 그러나 공산주의라고 해서 무조건 독재 또는 전체주의가 되는 것은 아니에요. 평등의 가치를 특별히 중요시하는 공산주의가 민주주의를 받아들이기는 쉽지 않지만, 그렇다고 해서 불가능한 것은 아니거든요. 그리고 반대로 자본주의 체제 중에도 독재 체제가 있지요.

20세기 초 러시아에서 일어난 공산주의 혁명도 프랑스아 영국의 민권 혁명처럼 독재적인 왕과 부패한 정부에 항거한 것이니까요. 1905년에 러시아의 수도인 상트페테르부르크에서는 노동자들의 시위가 일어났어요. 대부분의 독재자들이 그렇듯이 러시아의 황제였던 니콜라이 2세도 국민들의 봉기를 일단 힘으로 누르려고 했지요. 하지만 저항은 걷잡을 수 없이 번졌고, 중산층은 물론이고 군인들까지 반란에 참여해 결국 국민들이 참여하는 의회를 허락하게 되었어요. 왕과 국민의회가 같이 존재하는 식으로 결말이 난 것이지요.

그러나 니콜라이 2세는 국민들의 요구를 만족시키기 위해 힘쓰기보다는 오히려 제1차 세계 대전에 참여하면서 더욱 큰 고통을 안기고 말았지요. 국민들은 다시 거리로 뛰쳐나와 독재에 항거했어요. 결국 황제는 권좌에서 물러났고, 그 빈자리를 국민들이 뽑은 의회가 일단 차지했지요.

그런데 러시아의 의회는 노동자와 농민의 지지를 받은 공산당에 의해 다시 무너지고 말았어요. 이것이 바로 1917년에 일어난 러시아의 소비에트 혁명이지요. 소비에트는 원래 노동자와 농민의 대표자 모임을 가리키는 말이었어요. "모든 권력은 소비에트로!"라는 구호 아래 러시아 혁명은 성공했고, 러시아는 최초의 공산주의 국가인 소련('소비에트 사회주의 공화국 연방'을 줄인 말)으로 탄생하게 되었어요.

공산주의란 개인 소유의 재산을 없애고 사람들 모두가 재산을 평등하게 나누어 가짐으로써 가난한 사람이나 부자의 차이를 없애겠다는 사상이에요. 이것은 개인의 사유 재산을 가장 중요하게 생각하고 이 때문에 빈부 격차도 생길 수 있다고 보는 자본주의 체제와는 정반대의 생각이지요. 여러분도 잘 알다시피, 이후 미국을 중심으로 한 자본주의 국가와 소련을 중심으로 한 공산주의 국가가 50년 넘게 경쟁을 벌이게 된답니다.

생각 넓히기

❶ 북한의 김일성 체제도 전체주의라고 부를 수 있어요. 하지만 북한은 히틀러나 스탈린, 무솔리니의 전체주의와는 다른 점이 있지요. 특히 '김일성-김정일-김정은'으로 이어지는 권력 세습 제도가 있으며, 국가 전체를 우상화하기보다는 개인을 우상화하고 있어요. 그렇다면 북한은 어떤 체제로 볼 수 있을까요?

❷ 다양한 정치 제도를 정리해 보고 각 정치 제도의 장단점을 비교해 보세요.

❸ 민주주의 제도의 중요한 원칙 중 하나가 바로 '다수결의 원칙'이에요. 사람들의 의견이 나뉠 때 보다 많은 사람들의 의견을 따르는 원칙인데요, 다수결 원칙은 언제나 옳을까요? 소수 의견이라고 해서 무시해도 될까요? 다수결 원칙을 지키면서도 소수의 의견을 보호할 수 있는 방법은 어떤 것이 있을지 자신의 생각을 써 보세요.

5장 어떤 사람들이 정치를 하나요?

　앞서 살펴보았듯이 오늘날에는 대의제 민주주의를 시행하고 있어요. 어떤 사람들은 모든 국민이 직접 정치를 해야만 진정한 민주주의라고 주장하지만 그건 불가능해요. 일단 엄청나게 많은 인구가 한자리에 모일 장소가 없잖아요? 대의제 민주주의에서는 국민들이 자발적인 의사를 가지고 대표를 선택하고, 이렇게 뽑힌 사람들이 나를 대신해 정치를 전문적으로 해 주지요. 결국 중요한 것은 비록 대의제 민주주의이긴 하지만, 국민에게 주권이 있다는 원칙을 제대로 지켜야 한다는 거예요.

　넓은 의미에서의 정치는 집, 놀이터, 학교, 회사 등 어디에서도 찾을 수 있지만, 좁은 의미에서의 정치는 정부가 담당하는 일을 말해요. 정부는 대통령과 장관들이 있는 행정부만 가리킬 때도 있지만, 국민의 대표라는 뜻에서 국회의원들이나 재판을 담당하는 사법부까지 포함시킨 모든 공직자를 말한답니다.

　정부를 구성하고 있는 사람들 중에는 국민이 직접 선출하지 않은 이들도 있어요. 국민의 손에 의해 선출된 대통령이 공직자를 임명하는 경우처럼요. 그래도 정부는 국민에 의한, 국민을 위한 공적인 업무를 담당하는 곳임은 분명하답니다. 그래서 이들을 '공인'이라고 부르고, 사적인 이득을 위해 일하지 못하게 하지요.

종종 텔레비전이나 신문에서 공직자들이 국민이 낸 세금을 빼돌리거나, 부정한 뒷거래를 하다가 들켜서 망신을 당하고 감옥에 가는 모습을 볼 수 있지요? 국회의원들 역시 불법적인 돈을 받거나 다수의 의견을 무시하고 소수의 이익을 대변할 경우에는 의원직을 잃거나 감옥에 가기도 해요.

민주주의 정신과 권력 분립

국가 기관은 입법부, 사법부, 행정부로 나누어져 있어요. 우선 행정부는 국가의 여러 업무를 집행하는 곳이에요. 대통령, 장관, 차관, 그리고 그 아래에 있는 공무원들 모두가 행정부에 속한 사람들이지요. 다음으로 입법부인 국회는 법을 만드는 곳이에요. 서울 여의도에 있는 국회의사당에서 국회의원들은 법안을 제출하고, 또 통과시키지요. 마지막으로 사법부는 입법부가 만든 법을 해석하고 판결하며, 때로는 법을 어기는 사람들을 판결하는 곳이랍니다.

이렇게 국가의 권력을 어느 한 부서가 독차지하지 못하도록 나누는 것을 '권력 분립'이라고 해요. 또한 중앙 정부를 세 개로 나누는 것을 가리켜 '삼권 분립'이라고 하지요. 지방 자치 역시 권력 분립의 또 다른 모습이라고 할 수 있어요. 삼권 분립은 어느 한 부처의 기능이 너무 강해서 다른 부처의 기능이 줄어드는 것을 막기 위한 제도예요.

예를 들면 대통령이 너무 많은 권력을 가지고 있을 경우 권력을 마구잡이로 휘둘러 국민들이 탄압을 받을 수 있잖아요? 또 국가 규모가 커지고 나라의 살림살이가 많아지면서 행정부의 권한이 점점 더 커질 수도 있고요. 제2차 세계 대전의 주범 히틀러는 독재를 강화하기 위해 법을 입법부가 아니라 행정부에서 만들도록 했어요. 이렇게 행정부가 지나치게 많은 권력을 가져서 문제가 되는 경우가 더 많기는 하지만, 반대의 경우도 바람직하지 않아요. 대통령의 권한이 너무 약해서 입법부나 사법부의 간섭을 받는다면 국민을 위해 제대로 일할 수 없을 테니까요. 그래서 세 기관이 서로 견제하고 때로는 협력하면서 균형을 맞추어야 한답니다.

행정부

먼저 행정부에 대해서 알아보도록 해요. 입법부가 만든 법에 따라 집행을 하는 곳이 행정부예요. 즉, 사람들에게 법을 지키도록 만들고, 세금을 내게 하며, 교통 법규를 준수하게 하지요. 공장들이 안전 및 공해 기준을 지키게 하고, 음식점들이 제대로 위생 기준을 지키는지도 감독해요. 고속도로를 건설하고, 다리를 세우고,

국립공원을 관리하는 것도 모두 행정부에 속한 일이에요. 무기를 생산하거나 수입하고, 군대를 구성하는 일도 마찬가지랍니다.

행정부는 전체 나라 살림을 맡아서 하는 곳이다 보니, 국가 기관 가운데 규모도 가장 크고 일도 많아요. 물론 여기에 소속되어 일을 하는 사람들도 가장 많지요. 각 부처에는 장관이 있고, 그 밑에는 수많은 공무원들이 자기의 전문 분야를 맡고 있어요.

행정부 전체를 이끄는 사람은 대통령이에요. 대통령은 대한민국을 이끌어 가는 최고의 지도자이지요. 거대한 행정부 조직을 이끄는 사람이며, 국제 사회에서 대한민국을 대표하는 국가 원수이기도 하답니다. 그리고 국군을 지휘하는 가장 높은 자리에 있는 사람이라는 뜻으로 '국군 통수권자'라고 말하기도 해요. 그러니 대통령을 뽑는 선거는 나라의 운명을 결정짓는 중요한 일이지요.

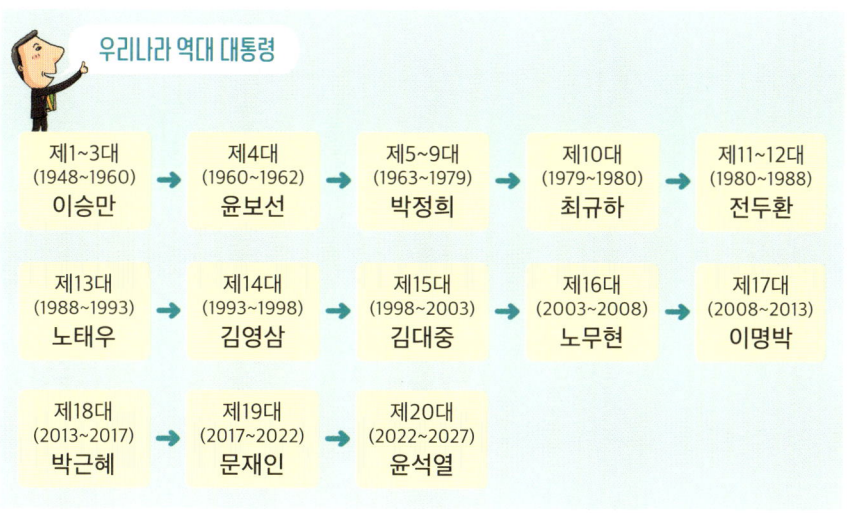

우리나라는 5년마다 대통령을 뽑는 선거를 해요. 단 한 차례만 대통령을 할 수 있기 때문에 '5년 단임제'라고 부르지요. 하지만 미국을 비롯한 대통령제를 실시하는 나라에서는 보통 두 번까지는 허용하고 있어요. 이것을 '연임제'라고 해요. 우리나라에서도 연임제를 실시해야 한다는 주장이 있기는 해요. 대통령은 국민의 대표 중에서 가장 높은 자리이지만, 과거에 절대적인 권력을 휘둘렀던 왕처럼 생각해서는 안 돼요. 국민에게 주권이 있다는 커다란 원칙은 대통령도 피해 갈 수 없으니까요. 그런데도 이 사실을 잊어버리고, 대통령 자리에 오른 사람들이 독재 정치를 하고 왕정을 닮으려 하는 경우가 우리나라는 물론이고 세계적으로도 종종 있답니다.

세계의 모든 나라가 대통령제를 실시하고 있는 것은 아니에요. 예를 들면 이웃 나라 일본은 대통령이 없고, 최고 통치자가 내각 총리이지요. 대통령이 최고 권력자인 우리나라와 같은 경우를 '대통령 중심제'라고 부르고, 일본이나 영국처럼 총리가 최고 권력자인 경우를 '내각 책임제' 또는 '의원 내각제'라고 해요.

대통령제의 경우에는 입법부와 행정부가 완전히 독립되어 서로를 견제하지만, 의원 내각제의 경우에는 국회의원 선거에서 가장 많은 의원을 당선시킨 정당의 대표가 총리 또는 수상이 됩니다. 입법부와 행정부가 서로 연결되어 있는 것이지요.

입법부

입법부는 앞에서도 설명한 것처럼 법을 만드는 곳이에요. 법이란 모든 국민들이 지켜야 할 사회적 규칙이지요. 법 때문에 사람들은 어떤 것을 하지 말아야 하는지 알 수 있어요. 회사에서 사람들에게 일을 시킬 때 지켜야 할 것이 무엇인지, 남의 돈을 강제로 빼앗거나 음식에 나쁜 재료를 넣었을 경우 어떤 벌에 처해야 하는지 등 다양한 사람들이 함께 살다 보면 생기는 수많은 문제들의 기준을 정해 놓은 것이 법이랍니다.

만약 법이 없다면 큰 혼란이 일어나겠지요? 맨 앞에서 설명한 선생님이 사라진 학교를 생각하면 쉽게 짐작이 갈 거예요. 그런데 법을 만드는 일은 그리 쉽지 않아요. 왜냐하면 이해관계가 서로 다른 사람들의 이익을 잘 조정해 최선의 결과를 만들어야 하기 때문이에요.

예를 들면 노동자들은 자신들의 이익을 더 잘 챙겨 주는 법을 만들고 싶겠지요? 월급을 많이 주게 하는 법이라든가, 일을 하다가 다칠 경우 많은 보상을 받을 수 있는 법을 만들고 싶어 할 거예요. 반대로 회사를 운영하는 사람들은 이익을 많이 남기기 위해 월급을 되도록 적게 주고, 일을 하다 다쳐도 보상금을 적게 줄 수 있는 법을 원하겠지요? 이렇게 노동자와 경영자는 서로 다른 입장일 수밖에 없어요. 그럴 때 법은 어느 한쪽의 이익이나 손해가 너무 많아지거나, 또는 너무 적어지지 않도록 공정함을 지켜야 해요.

국회가 만드는 법 중에 매우 중요한 것이 바로 돈과 관련된 법안이에요. 그중에서도 특히 세금을 얼마나 어떻게 거둘 것인가가 국회의원들의 일 중에 가장 핵심적이랍니다. 세금을 걷어야 그 돈으로 행정부가 나라 살림을 할 수 있으니까요. 행정부가 계획을 짜서 국회에 제출하면 국회의원들은 많은 시간을 들여서 정부가 어떻게 돈을 사용할지 이모저모 살펴본 다음 최종적으로 결정한답니다.

국회가 가진 또 한 가지 중요한 역할은 대통령이 장관 같은 공직자들을 임명할 때, 그 사람이 과연 높은 자리에 오를 자격이 있는지 살펴보는 일이에요. 이를 두고 '인사 청문회'라고 하는데 여러분도 텔레비전에서 자주 보았을 거예요. 임명을 받은 사람이 그 임무를 수행할 수 있는 전문적인 지식과 경험을 가지고 있는지, 공직을 수행할 정도로 깨끗한 사람인지, 혹시 과거에 나쁜 행동을 하지는 않았는지 철저하게 조사하고 질문하지요.

예를 들어 볼까요? 국방부 장관이 될 사람이 자기 아들을 몰래 군대에 보내지 않았다면 장관이 될 자격이 없겠지요? 또는 교육부 장관이 자녀들을 좋은 학교에 보내기 위해 법을 어기고 주소를 옮겼다면 문제가 있겠지요?

사법부

사법부는 법을 해석하고 판결하는 곳으로 법복을 입은 판사와

검사들이 일하고 있어요. 사람들이 서로 이해나 입장이 달라서 다툴 때 입법부가 만든 법을 적용해 직접 해결해 주지요. 만약에 입법부가 법을 만든 대로 모든 사람들이 잘 지킨다면, 사법부가 필요 없을지도 모르겠어요. 그러나 끊임없이 법을 지키지 않는 사람들도 있고, 만들어 놓은 법이 애매한 경우가 생길 수도 있기 때문에 사법부가 필요한 거예요.

법을 만드는 것도 불완전한 사람들이고, 사람 사이에 일어나는 각양각색의 일들을 모두 법으로 규정할 수는 없기 때문에 법을 해석하고 적용하는 일이 필요하답니다. 사법부는 법을 적용하고 해석하고 또 집행할 때 보다 공정하게 하기 위해 만든 기관이에요.

사법부는 또한 법을 지키지 않은 사람들에게 벌을 주는 임무도 수행해요. 살인자, 강도, 도둑, 뇌물 받은 사람, 사기 치는 사람 등 세상에는 참 나쁜 사람들이 많아요. 그리고 이들 때문에 고통받는 사람들도 많지요. 나쁜 사람들을 벌주지 않는다면, 그래서 이들이 계속 나쁜 짓을 마음대로 저지르고 다닌다면 세상은 얼마나 불안할까요? 거리를 마음대로 다닐 수도 없고, 누구를 믿고 물건을 살 수도 없겠지요? 힘없고 가난한 사람들은 더욱 억울해질 거예요. 물론 영화의 한 장면처럼 자신의 생명과 재산을 지키기 위해 시민들 스스로 무기를 들고 싸우는 방법도 있을 수 있겠지만, 그건 더 큰 폭력과 싸움으로 이어질 수 있는 위험천만한 행동이에요. 이것은 사법부가 대신해 주는 것이 바람직해요.

사법부의 또 다른 중요한 역할은 사람들끼리 분쟁이 생겼을 경우 누가 옳고 그른가를 판결해 주는 것이에요. 고소 또는 고발이라는 말을 들어 본 적이 있나요? 고소는 사람들 사이에 분쟁이 생겼을 때 이를 사법부에 알리고 바로잡아 달라고 요구하는 일을 말해요.

현대 사회는 고소와 고발이 넘쳐나고 있답니다. 모든 일을 무조건 법에 호소하는 것이 좋은 일은 아니지만, 억울한 일을 겪었을 때 그것을 판결해 줄 기관이 있다는 것은 참 다행스러운 일이에요. 특히 힘없는 사람들에게는 사법부가 나서서 공정하게 처리해 주는 것이 너무나 중요하지요. 힘없는 사람들의 이익을 보호하는 정치의 역할이 바로 이런 거예요. 여러분도 나중에 억울한 사람들의 편이 되어 공정한 판결을 해 주는 좋은 판사가 된다면 무척 보람된

일일 거예요.

우리 법원은 대법원, 고등 법원, 지방 법원으로 구성된 3심 제도를 갖추고 있어요. 첫 심판은 지방 법원에서 하는데, 서울을 비롯해서 전국 주요 도시에 있지요. 1심에서 나온 결과가 공정하지 않다고 생각하는 사람들은 고등 법원에 다시 재판을 요구할 수 있어요. 이를 두고 '항소'한다고 말하지요. 여기서도 해결이 안 되거나 여전히 억울하다고 생각하면 대법원으로 가는데, 이를 '상고'라고 합니다.

3심 제도는 대부분의 민주 국가들이 갖추고 있는 제도로, 한 사건을 세 번까지 심판을 받을 수 있게 하는 거예요. 혹시라도 잘못된 판결 때문에 억울한 사람이 생기지 않도록 세 번의 기회를 주는 제도지요.

사법부에는 그 밖에도 가정 법원과 헌법 재판소가 있어요. 가정 법원은 가정에서 일어나는 문제와 소년(법률에서 10세 이상 19세 미만인 사람들을 가리키는 말)들에 관한 일들을 맡고 있고, 헌법 재판소는 최고의 법인 헌법에 대한 해석이 다르거나 국회가 만든 법이 헌법에 맞지 않을 때, 이를 해결하기 위해 만들어진 기관이랍니다.

지방 정부

중앙 정부는 행정, 입법, 사법 이렇게 세 가지 권력으로 나뉘어 있어요. 그런데 민주주의의 중요한 원칙인 권력 분립에서 그 의미가 커지고 있는 지방 정부를 빼놓을 수 없겠지요?

지방 정부는 시청, 군청, 도청과 같이 중앙 정부의 행정부와 비슷한 지방 정부와 중앙 정부의 국회에 해당하는 지방 의회로 이루어져 있어요. 지방 의회는 국회처럼 국가 전체의 법률을 만들지는 못하지만, 법보다는 권한이 작은 규칙이나 조례를 만들 수 있지요. 참고로 미국의 지방 정부는 우리나라에는 없는 사법부가 있어서 지방에서도 삼권 분립이 이루어지고 있답니다.

지방 자치는 민주화와 관련이 깊어요. 대의제에 의해 중앙에만 권한이 집중될 경우, 지방은 소외되고 주민들의 생활이나 복지 문제 등에 대해 소홀해질 수 있거든요.

고대 그리스의 직접 민주주의로 돌아가는 것은 불가능하지만, 지방 자치는 현대 대의제의 약점을 조금이나마 보완해 줄 수 있는 제도예요. 그래서인지 독재 정권들은 지방 자치 제도를 가능한 한 시행하지 않으려고 한답니다. 우리나라도 그런 때가 있었어요. 원래 우리나라는 해방 직후에 만든 건국 헌법에 이미 지방 자치법이 마련되어 있었어요. 그러나 1960년 4.19혁명으로 탄생한 제2공화국의 짧은 기간(1960~1961년) 동안에만 지방 자치를 실천했을 뿐, 오래도록 미루어졌지요. 민주화 운동 이후에도 많은 어려움을 겪다가 1995년에 와서야 비로소 실시하게 되었어요.

우리나라의 지방 자치 단체는 크게 서울특별시, 6대 광역시(부산·대구·인천·광주·대전·울산), 7개 도(경기·충북·충남·전북·전남·경북·경남), 강원특별자치도, 제주특별자치도, 세종특별자치시의 17개 광역 자치 단체로 나누어져 있고, 이는 다시 226개의 시, 군, 구로 나뉘어 기초 자치 단체를 이루고 있답니다.(2023년 6월 11일 현재) 지방 정부가 중앙 정치의 영향에서 완전히 벗어날 수는 없지만, 지방 자치 제도의 원래 취지는 주민들의 복지와 자율적인 사무 행정 처리를 위한 것이에요.

정치학자들은 현대 사회에 접어들어 국가의 규모가 너무 커지고, 대부분의 권한이 중앙에만 집중된 것을 두고 민주주의 정신의 후퇴라고 비판하고 있어요. 그런 의미에서 지방 자치를 활발하게 하는 것은 민주주의 정신을 회복하는 일이라고도 볼 수 있지요. 지방 자치는 자기가 살고 있는 지역의 일을 스스로 해결한다는 의미에서 주민들의 참여 의식을 더욱 높일 수 있는 길이기도 해요.

지금까지 정부의 조직과 기능을 간단하게 살펴보았어요. 이제 정부가 어떻게 움직이는지 머릿속에 조금은 그려지지요? 그런데 정부가 어떻게 구성되어 있는지를 아는 것보다 중요한 원칙은 정부가 권력을 가지고 공적으로 사용하는 이유가 바로 국민 때문이라는 거예요. 민주주의 국가들 사이에도 다양한 정부 형태가 있지만, 그 기본 정신은 같아요. 민주주의는 군주나 독재자, 소수의 귀족들에게 권력이 집중된 제도에 대한 저항에서 출발한 것이에요. 그래서 가능한 한 권력을 나누려고 하는 거죠.

생각 넓히기

❶ 국민을 위한 공적인 업무를 담당하는 정치인들을 '공인'이라고 부르고, 이들은 사적인 이득을 위해 일하면 안 돼요. 그런데 가끔 TV나 신문을 보면 연예인을 가리켜 공인이라고 부르기도 해요. 연예인은 대중의 관심을 한몸에 받는 이들이기 때문에 사람들을 실망시키는 일을 하지 않는 게 좋겠지요. 그러나 과연 그것만으로 공인이라고 할 수 있을까요?

❷ 군주 제도에서의 왕과 민주주의 국가에서의 대통령은 어떤 점이 다른지 생각해 보세요.

❸ 우리나라 미국은 대통령제를 선택하고 있고, 일본이나 대부분의 유럽 국가들은 의원 내각제를 실시하고 있어요. 그리고 특이하게도 프랑스는 내각 책임제와 대통령제를 섞어 놓은 듯한 제도를 시행하고 있지요. 여러분은 어떤 제도가 민주주의 정신에 더 적합하다고 생각하나요?

6장 좋은 정치와 선거는 어떤 관계가 있을까요?

　선거를 민주주의 정치의 꽃이라고 해요. 그만큼 선거가 중요하다는 말이지요. 특히 오늘날과 같은 대의제 민주주의에서는 고대 그리스에서처럼 시민 한 명 한 명이 직접 정치에 참여하는 것이 아니고, 나를 대신해서 정치를 해 줄 사람을 뽑는 것이기 때문에 더욱 중요해요. 물론 많은 정치인들이 선거 때만 국민들의 말에 귀를 기울이는 척할 뿐 당선되고 나면 나 몰라라 하기도 합니다. 그러나 그것은 투표를 더 잘해야 될 이유이지, 투표를 포기하는 이유가 되어서는 안 돼요. 만약 투표를 포기하면 훨씬 더 나쁜 정치인들이 마음껏 활개 칠 수 있는 무대를 마련해 주는 일이 되거든요.

선거란 곧 선택이다

　피자를 시켜 먹을지 아니면 자장면을 시켜 먹을지 정하는 것을 '선택'한다고 말하지요. 학교에서 점심시간에 친구들과 축구를 할지 농구를 할지 결정하는 것도, 또는 목적지에 가기 위해 지하철을

탈지 아니면 버스를 탈지를 결정하는 것도 선택이에요. 선거도 이처럼 선택하는 거예요. 누군가가 나의 대표자가 되어 나 대신 정치를 잘 해 주었으면 좋겠다고 투표하는 것이니까요.

민주주의 선거는 한마디로 선택권을 국민에게 주는 거예요. 그래서 시민권의 핵심이 바로 선거권 또는 참정권에 있다고 할 수 있어요. 참정권이라는 말은 '정치에 참여하는 권리'라는 뜻이에요. 그러므로 선거는 곧 국민이 정치에 참여하는 권리가 되는 것이지요. 선거를 통해 대통령을 뽑아 국가를 운영하게 하고, 선거를 통해 국회의원을 뽑아 법도 만들게 하는 거예요.

여러분도 새로운 학년이 시작되면 반장이나 전교 학생회장 선거를 하지요? 자신이 직접 나서거나 아니면 선거에 나가는 친구를 도운 적이 있나요? 그런 일들이 모두 선거예요. 혹시 선거를 자신과 상관없는 일로 생각한 것은 아니지요? 선거는 우리와 상관없는 일이 결코 아니랍니다. 내가 가진 소중한 한 표를 어떻게 행사하느냐에 따라 우리가 속한 학교나 이웃, 그리고 우리나라가 달라질 수 있으니까요. 어린 시절부터 이와 같은 경험을 한 것이 나중에 우리 사회의 중요한 몫을 하는 바탕이 된답니다.

선거의 4대 원칙 : 보통·평등·직접·비밀 선거

공직을 담당할 사람들을 투표로 선출하는 민주주의 선거에는 네 가지 원칙이 있어요. 바로 보통 선거, 평등 선거, 직접 선거, 비밀 선거의 원칙이에요. 이것이 제대로 지켜져야만 민주주의라고 할 수 있지요.

먼저 첫 번째 보통 선거 원칙부터 알아볼까요? 보통 선거라는 것은 누구에게나 선거권이 주어진다는 말이에요. 성별, 빈부, 인종, 종교, 장애 등에 따라 차별받아서는 안 된다는 원칙이지요. 특정한 자격 요건을 내세워 선거권을 차별하는 제한 선거를 반대하는 것이지요.

보통 선거 원칙은 역사를 통틀어 수많은 민권 혁명을 거치면서 이루어진 매우 소중한 원칙이에요. 지금은 너무 당연한 것처럼 보이지만, 보통 선거제가 세계적으로 뿌리내린 것은 제2차 세계 대전이 끝난 이후였어요. 여성에게 선거권이 주어진 것도 미국이 1920년, 영국이 1928년, 일본이 1945년의 일이고, 우리나라는 1948년 정부 수립 이후랍니다. 미국에서 흑인들이 선거권을 가진 것은 남북 전쟁이 끝난 1869년 이후부터이고요.

현재 우리나라의 경우 만 18세가 되면 한 표를 행사할 수 있는 권리를 가집니다. 언뜻 보면 나이로 차별한다는 생각도 들지만, 국민의 대표를 뽑을 수 있을 정도의 판단력이 생기는 나이를 상식적인 입장에서 다수가 동의해서 결정한 것이지요. 선거권을 갖는 나이는 우리나라에 투표 제도가 처음 생긴 1948년에는 만 21세였고, 1960년에는 만 20세, 그리고 2005년에 만 19세가 되었다가 2019년에 다시 만 18세로 낮아졌어요. 미국의 경우에도 만 18세에 선거권을 가지지요.

  선거에 관한 두 번째 원칙은 평등 선거예요. 평등 선거란 누구에게나 공평하게 똑같은 투표권을 준다는 의미지요. 첫 번째 원칙인 보통 선거가 개개인의 조건에 따라 선거권을 주느냐 주지 않느냐의 문제라면, 평등 선거는 조건에 따라 표의 개수를 차별하지 않는다는 거예요. 돈이 많거나 지위가 높다고 해도 표를 두 번 행사할 수는 없지요. 이렇게 투표는 평등한 권리 행사랍니다.

  세 번째 원칙은 직접 선거예요. 직접 선거란 다른 사람이 나를 대신해서 투표를 할 수 없다는 거예요. 즉, 투표권을 가진 사람이 직접 투표장에 가서 해야 한다는 것이죠. 부모님이나 형제라도, 부부 사이라도 대신할 수 없는 것이 바로 직접 선거 원칙이에요. 직접 선거는 또 다른 의미가 있는데, 그것은 선거권을 가진 사람이 중간에 선거를 해 줄 선거인(단)을 선정하는 것이 아니라, 직접 대통령이나 국회의원 등 공직자를 선출하는 제도를 말해요. 반면에 투표권을 가진 사람들이 투표를 담당하는 사람들(선거인단, 또는 대의원이라고 부릅니다)을 먼저 뽑고 여기에서 선출된 사람들이 다시 대표를 뽑는 이중적인 방식도 있는데, 이를 간접 선거라고 하지요.

  그렇다면 이러한 간접 선거 제도는 자기 손으로 대표를 직접 뽑지 않기 때문에 비민주적인 제도라고 할 수 있을까요? 그럴 위험이 없지는 않지요. 우리나라도 과거 독재 정치 시절에는 이런 식으

로 큰 체육관에 대의원들을 모아 놓고 대통령을 뽑은 일이 실제로 있었답니다. 하지만 간접 선거 방식이라고 해서 모두 비민주적이라고 단정할 수는 없어요. 예를 들면 민주주의의 선진국이라고 할 수 있는 미국의 경우도 대통령을 간접 선거 방식으로 선출하거든요. 대통령을 간접 선거로 뽑기는 하지만, 우리나라의 독재 시대와는 달리 국민들의 자유로운 의사로 대의원을 뽑기 때문에 민주적이지요.

결국 가장 중요한 것은 직접 선거냐 간접 선거냐 하는 문제보다는 국민들이 자유로운 의사로 투표에 참여했는가, 아니면 소수의 권력자들이 자신들에게 유리한 대로 뽑는 선거 제도인가에 달려 있습니다. 직접 선거라 하더라도 국민들이 자발적으로 의사 표시를 할 수 없는 장치를 마련한다든지, 공포 분위기를 만들어 권력자에게 반대하는 투표를 할 수 없게 한다면 민주적이라고 볼 수 없겠지요?

선거에 관한 네 번째 원칙은 비밀 선거예요. 비밀 선거란 누가 누구에게 표를 던졌는지에 대해 말하지 않을 권리가 있다는 거지요. 이 말은 투표용지에 자신의 신분을 밝힐 필요가 없다는 말이기도 하고, 나중에 결과가 나온 이후라 하더라도 여전히 비밀을 간직할 수 있다는 뜻이에요. 언뜻 보면 당연하고, 왜 이런 원칙이 있는지 이해가 되지 않을 수도 있어요. 하지만 잘 생각해 보세요. 내가 누구를 뽑는지 밝혀야 한다면 자신의 마음대로 투표를 할 수 없잖아요? 따라서 대부분의 현대 민주주의 국가에서는 투표용지에 이름을 적지 않는 '무기명 투표'로 투표를 한답니다.

반대로 북한을 비롯한 독재 국가에서는 공개 투표를 하는 경우가 많지요. 자신의 이름을 적게 하거나, 찬성과 반대의 투표함을 따로 두는 경우도 있어요. 그러면 보복이 두려워 제대로 의사 표시를 할 수 없게 되겠지요? 반장 선거나 또는 어떤 모임에서 대표를 뽑을 때 간혹 손을 들어 결정하는 경우가 있는데, 이런 것이 공개 선거예요. 이런 선거를 할 경우 자신이 누구를 찬성하는지 반대하는지 드러나기 때문에 그것이 싫어서 아무에게도 손을 들지 않는 경우가 많지요.

민주주의 선거에서는 꼭 해야 할 일도 있지만, 하지 말아야 할 일들도 있답니다. 바로 부정 선거예요. 특히 밥을 사 주거나 돈이나 선물을 주어 표를 사는 행위는 반드시 없어져야 할 나쁜 행동이죠. 물론 지금은 선거 제도가 매우 엄격하고 감시도 철저히 이루어지기 때문에 이런 사례가 많이 줄어든 것은 사실이에요. 그럼에도 부정 선거가 완전히 사라졌다고는 볼 수 없어요. 우리는 선거에 적극적으로 참여해야 하지만, 동시에 이러한 부정 선거를 하지 않도록 감시하고 신고하는 시민 정신을 발휘해야 한답니다.

낮아지는 투표율

선거는 민주주의의 꽃이며 가장 중요한 제도 중 하나지만, 요즘에는 투표율이 점점 낮아지고 있어요. 우리나라뿐만 아니라 세계적인 현상이지요. 정말 심각한 문제예요. 투표율이 50퍼센트이고, 그중 40퍼센트 정도의 득표율로 국회의원에 당선되었다고 생각해 보세요. 경쟁 후보 중에 가장 많은 표를 받기는 했지만, 따지고 보면 그 국회의원은 선거에 참여할 수 있는 유권자 가운데 20퍼센트

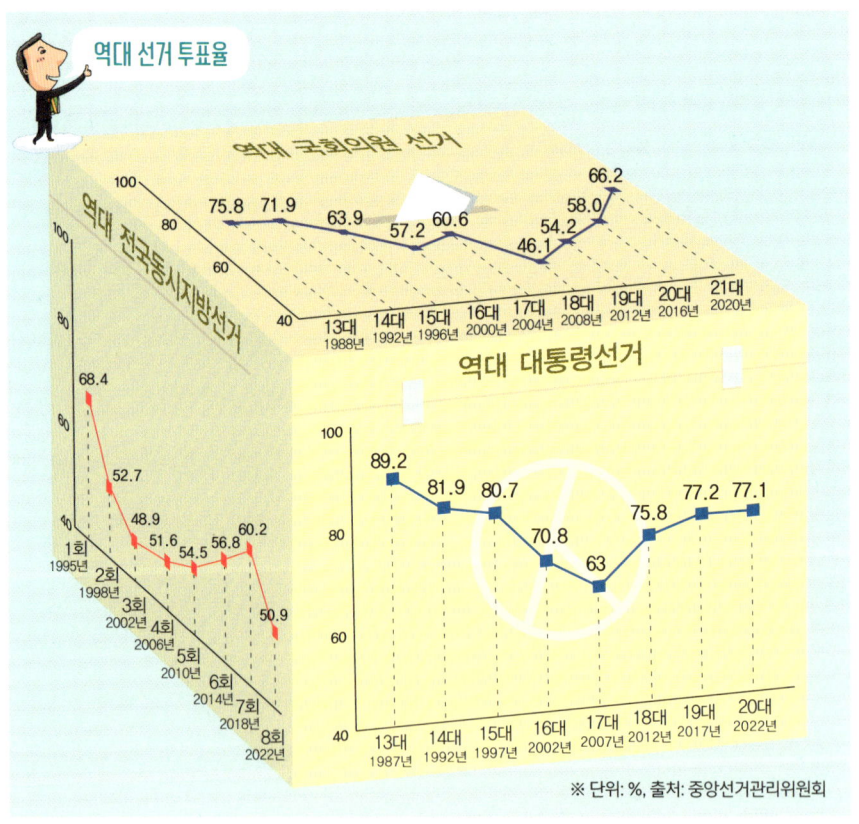

※ 단위: %, 출처: 중앙선거관리위원회

의 지지를 받은 것에 불과하답니다.

그래서 선거를 도맡아 관리하는 선거관리위원회는 투표율을 올리기 위해 많은 노력을 한답니다. 선거 참여를 강조하는 포스터를 붙이고, 선거 때가 다가오면 연예인들에게까지 부탁해서 텔레비전을 통해 선거에 적극적으로 참여하라고 캠페인을 벌이기도 하지요. 선거 때마다 강조하는 이야기라 지겨울 수도 있겠지만, 모든 국민이 한 표 한 표를 행사하는 것이 너무나도 중요하기 때문이에요. 선거일을 임시 공휴일로 정하는 이유도 투표율을 높이기 위한 것이고요. 그런데도 많은 사람들이 덤으로 노는 날이라고 여기며 산으로, 들로, 바다로 놀러 가지요. 이런 행동을 하는 사람은 대단히 무책임하고, 민주 시민으로서의 자격이 없는 사람이랍니다.

다시 한번 강조하자면 선거에 참여하는 것은 민주 시민이 가진 최대의 특권이자 의무예요. 정치인들을 믿을 수 없기 때문에, 또는 그들이 하는 일이라고는 부정부패를 일삼는 것뿐이어서 투표하지 않는다는 사람들이 많아요. 그러나 모든 문제를 정치가에게 돌릴 수는 없지요. 우리가 좋은 정치인들을 뽑지 않았거나 잘못 뽑은 탓도 크답니다. 그러니 우리는 국민의 주권을 행사해서 선거에 참여하고, 우리가 민주적인 절차에 의해 뽑은 사람이 어떻게 임무를 수행하고 있는지 두 눈 부릅뜨고 감시해야 하는 거지요.

선거에 열심히 참여하고, 정치인들에 대한 관심과 감시를 게을리하지 않아야 하는 것은 물론이고, 한 가지 더 중요한 국민의 의무가 있답니다. 그것은 훌륭한 정치가를 뽑는 일도 중요하지만, 사람들이 잘 따라 주지 않으면 아무 소용이 없다는 거예요. 자질이 없는 정치인들을 뽑지 말고, 정치인들이 잘못하면 항의도 하고, 제대로 정치를 하도록 요구해야 합니다. 정말 필요하다면 그 자리에서 쫓아내는 일도 해야 하지요. 그러나 반대로 우리가 뽑은 정치인들이 올바르게 정치를 한다면 믿고 잘 따르는 것이 중요해요. 이것이 진짜 민주 시민이랍니다.

어떻게 뽑아야 잘 뽑는 것일까요?

국민을 위한 훌륭한 지도자를 뽑는 일이 얼마나 어려운 일인지, 그리고 지도자에 따라 국민들의 삶이 얼마나 달라질 수 있는지에 대해 교훈을 주는 이솝 우화가 있답니다.

경치 좋은 연못에 개구리들이 모여 살고 있었습니다. 그들은 큰 불편 없이 잘 살고 있었지만, 그래도 왕이 있다면 지금보다 훨씬 더 행복할 것이라고 생각하게 되었습니다. 개구리들은 신에게 가서 왕을 보내 달라고 부탁했습니다. 부탁을 들은 신은 개구리들의 어리석음을 비웃었습니다. 왜냐하면 왕이 생길 경우 지금보다 훨씬 불행해질 수 있다는 것을 개구리들이 모른다고 생각했기 때문입니다.

하지만 신은 일단 개구리들의 부탁을 들어주었습니다. 다름 아닌 큰 나무토막 하나를 연못에 던져 주면서 왕이라고 한 것입니다. 개구리들은 나무토막이 연못에 떨어지자 처음에는 무서워서 감히 곁에도 가지 못하고 숨어 있었습니다. 그런데 시간이 지나도 나무토막이 움직이지 않자 개구리들은 조금씩 기어 나와 나무토막을 자세히 살펴보았습니다. 여전히 꿈쩍도 안 하는 나무토막을 몇몇 용감한 개구리들은 건드려도 보고, 올라타기까지 했습니다. 결국 그들은 움직이지도 않는 나무토막을 왕으로 모실 수 없다고 여기고 다시 신을 찾아갔습니다.

이번에는 자신들을 확실하게 지배할 힘이 있는 왕을 보내 달라고 애원했습니다. 신은 한참을 곰곰이 생각하다가 황새를 왕으로 보내 주었답니다. 신은 개구리들에게 "이제 너희가 원하는 대로 확실하게 지배해 줄 것이다."라고 의미심장하게 말했습니다. 개구리들은 황새가 긴 목과 멋진 다리를 뽐내며 연못으로 걸어오는 것을 보고 크게 환영했습니다. 드디어 자기들도 멋진 왕을 가지게 되었다고 환호하며 날뛰었습니다. 그런데 그 기쁨도 잠시, 황새는 기다란 목을 내밀어 개구리들을 잡아먹기 시작했습니다. 아차 했지만 이미 늦었습니다. 개구리들은 살기 위해 필사적으로 도망가려 했으나 다리도 길고 재빠른 황새를 당해 낼 수는 없었습니다. 얼마 되지 않아 결국 모든 개구리들이 잡아먹히고 말았답니다.

이 우화로부터 배울 수 있는 교훈은 참 많아요. 지금까지 이야기한 정치에 대한 핵심 질문들이 조금씩 모두 담겨 있는 것 같네요. 정치가나 정치는 없는 것이 있는 것보다 더 행복하다는 말을 해 주는 것 같기도 하고, 아니면 겉으로 보기에는 멋진 지도자가 실제로는 국민들을 불행하게 만들 수 있으니 겉모습만 보고 판단하지 말라는 교훈도 찾을 수 있을 듯하고요.

그중에서 가장 확실하고도 무서운 교훈은 아마도 누가 지도자가 되느냐에 따라 사람들의 운명이 완전히 뒤바뀔 수 있다는 거예요. 또 개구리들이 지도자를 신에게 부탁할 게 아니라, 자기들 가운데 제일 지혜롭고 능력 있는 개구리를 뽑았으면 좋았을 거라는 생각도 들지요. 그렇다면 우리에게 필요한 가장 좋은 지도자를 우리 스스로 선택할 수 있는 민주적인 선거 제도를 잘 활용해야 하지 않을까요?

생각 넓히기

❶ 개구리 왕에 대한 이솝 우화를 보면 왕이 없었던 시절이 훨씬 행복했어요. 우리도 정치가나 정치가 이 세상에서 사라진다면 더 행복해질까요?

❷ 만일 나무토막과 황새 중에 반드시 하나를 대표로 선택해야 한다면 누구에게 투표를 할 건가요? 그 이유가 무엇인지 친구들과 이야기를 나누어 보세요.

❸ 선거관리위원회는 투표율을 높이기 위해 많은 노력을 하고 있어요. 여러분이 만약 선거관리위원회에서 일한다면, 국민들이 선거에 더 많이 참여하게 하기 위해 어떻게 할 수 있을까요?

7장 우리의 목소리를 어떻게 전할까요?

　선거는 민주주의의 꽃이에요. 선거는 정치를 맡아서 하는 사람들을 국민의 손으로 뽑을 수 있게 보장하는 것이기 때문에 국민의 의사를 정치가들에게 알릴 수 있는 가장 강력한 방법이랍니다.

　따라서 투표는 국민 각자의 작은 참여가 모여 국가의 가장 중요한 일을 결정하는 정치 활동이 되지요. 하지만 정치가의 모든 행동을 놓고 매번 투표를 할 수는 없는 일이겠지요? 또 선거가 국민의 뜻을 알릴 유일한 방법이라면, 정치인들도 선거 때만 표를 얻기 위해 노력하고 다른 때는 자기 마음대로 할 가능성이 높겠지요. 실제로 오늘날 그런 정치인들이 꽤 있어요. 그렇다면 선거 말고 우리의 목소리를 정치가들이 잘 듣게 하려면 어떻게 해야 할까요?

　선거가 국민의 뜻을 전달하는 가장 필수적이고 강력한 방법이기는 하지만, 그 외에도 우리의 목소리를 알릴 방법이 여러 가지 있답니다. 신문이나 잡지, 텔레비전을 통해 의견을 표시할 수도 있고, 설문 조사에 참여할 수도 있지요. 요즘처럼 인터넷이 발달한 상황에서는 댓글을 달거나 SNS를 통해서 적극적으로 참여할 수도 있어요. 가능하면 자기 목소리를 다른 사람들과 나누며 같이 소리를 높이면 효과가 더 크겠지요? 또는 자기가 관심 있는 분야에서 활동하는 시민 단체에 가입할 수도 있어요. 정당에 참여하거나 전문 정치인이 되는 방법도 열려 있고요. 정치가 정말로 잘못된 길로 가거나, 위기 상황이 닥쳐 많은 사람들의 생각을 모을 필요가 있을 경우에는 거리로 나서 시위를 할 수도 있답니다.

물론 정치에 참여할 때는 지나친 요구를 하거나 다른 사람들에게 피해를 주어서는 안 되며, 법을 어기지 않도록 조심해야 해요. 하지만 민주 시민으로서의 책임을 생각한다면, 자신의 의견을 떳떳하고 확실하게 주장하는 것은 칭찬받아 마땅한 일이지요.

'큰' 관심을 가질 때 좋아질 수 있는 정치

여러분이 좋아하는 정치인들이 나랏일을 어떻게 처리하는지를 관심 가지고 지켜보는 것은 매우 중요해요. 그런데 이보다 더 중요한 것은 싫어하는 정치인들, 나쁜 정치인들이 무슨 잘못을 하고 있는지를 감시하는 거예요. 대의제 민주주의의 큰 약점이 바로 선거 후에는 입을 쓱싹 닦아 버리는 정치인들이 많은 것이라고 했죠? 이렇게 약속을 지키지 않는 사람들을 주의 깊게 관찰해야 해요. 우리나라의 정치가 나쁘다면, 우선은 정치를 담당한 사람들의 잘못이 가장 크지요. 그러나 국민들에게도 책임이 아예 없지는 않아요.

이렇듯 더 좋은 정치는 여러분의 관심과 참여로 가능하답니다.

그런데 바쁜 정치인들이 과연 내가 무엇을 원하는지에 대해 관심이나 가질까 하는 생각이 들기도 할 거예요. 예를 들면 수많은 팬이 BTS나 블랙핑크를 보고 열광하지만, 모두가 똑같은 팬은 아니에요. 그냥 노래를 즐겨 듣는 정도인 사람도 있지만, 관련 상품을 사고, 편지나 선물을 보내기도 하고 팬클럽에 참여하는 등 적극적인 행동으로 진정한 관심을 표하는 팬들도 있어요. 팬의 관심이 높을수록 BTS나 블랙핑크가 그 관심을 알아주고 팬들의 목소리에 귀를 기울이겠지요? 정치도 마찬가지예요. 여러분들이 정치에 관심을 가지면 정치가들이 쓴 글을 읽거나 연설을 듣고, 책을 사서 읽어 보기도 할 거예요. 좀 더 적극적으로 편지를 써 보내는 것도 좋은 방법이지요.

여론

여론은 정치에 대한 막연한 생각보다는 좀 더 구체적인 관심의 표시예요. 어떤 이슈나 쟁점에 대해 국민들이 표현하는 의견이라고 할 수 있지요. 여기서 '이슈'나 '쟁점'이란 국민의 행복, 국가의 안전과 같이 모두가 공감할 수 있는 주제보다는, 어떤 특별한 문제에 대해 사람들의 의견이 여러 가지로 갈리는 것을 말해요. 예를 들면 남북 협력 문제나 여성가족부 폐지 문제, 원자력 발전소를 어디에 지을 것인지를 놓고 국민들의 의견이 서로 나뉘는 경우지요.

정치는 다양한 이해관계를 조정하는 일이에요. 이 세상은 많은 사람들이 모여 살기 때문에 사람들마다 각자 다른 이해관계를 가지고 있고 생각도 저마다 달라요. 그래서 오늘날 민주 정치를 두고 '여론 정치'라고 일컫는 거랍니다. 정치가들은 자기 생각이나 힘 있고 돈 많은 몇 사람의 뜻보다는 국가의 주인인 국민의 여론을 듣는 것을 게을리하지 않아야 해요.

물론 여론이 가지는 약점도 있어요. 시시각각으로 변하는 데다 거짓으로 만들어 낼 수도 있기 때문에 너무 여론에만 의존하는 정치는 위험할 수 있지요. 그렇지만 의견이 나뉠 때마다 모두 투표를 실시할 수는 없기 때문에 여론, 곧 국민의 뜻을 살피고자 노력하는 것이랍니다.

국민의 뜻을 정확하게 알기 위해서는 여론 조사를 하지요. 신문이나 텔레비전에서 여론 조사 결과를 발표하는 것을 본 적이 있지요? 국회의원 선거나 대통령 선거 때가 되면 자주 여론 조사를 해요. 또한 정부 정책에 대한 국민들의 반응을 조사하기도 하지요.

보통 여론 조사는 전국에서 골고루 천 명 내외의 사람들에게 전화로 의견을 물어요. 정당이나 정치가들도 여론 조사를 통해 여론을 알아보고 자신들의 입장이나 정책 방향을 결정하는 데 참고하지요.

정당

앞서 살펴본, 민주주의에 있어 중요한 여론을 공적으로 조직하는 일을 하는 곳이 정당이에요. 사회의 이해관계나 갈등을 공적으로 만들고 전달하는, 매우 중요한 역할을 하지요. 정당이 없다면 사람들이 개인적인 문제를 마구잡이로 요구할 가능성이 높아요. 그렇게 되면 국민의 요구가 제대로 전달되지 않을뿐더러, 온갖 요구가 빗발치게 되어 사회가 무질서와 혼란에 빠질 수도 있답니다.

또한 정당은 단순히 국민의 요구 사항을 모아서 대신 전달하는 역할을 넘어서, 궁극적으로는 권력을 차지하는 것이 목적이에요. 정치에 대해 비슷한 생각을 가진 사람들이 권력을 차지하기 위해 모인 단체거든요. 때로는 특정 이념이나 사람들의 권익을 대표하기도 해요. 그래서 노동자를 대표하는 노동당도 있고, 여성의 이익을 대변하거나 기독교적 색채를 띤 정당도 있지요. 이렇게 정당은 각각 다른 목표를 두고 서로 공정한 경쟁을 해요.

현재 권력을 잡은 정당을 여당이라고 하고, 이에 도전하는 정당을 야당이라고 해요. 우리나라에서는 대통령을 배출한 정당을 여당이라고 하지요. 미국은 민주당과 공화당 두 개 정당으로만 구성되어 있는 양당제예요. 우리나라는 정당의 숫자가 많아서 다당제라고 볼 수도 있지만, 현재는 큰 힘을 가진 두 정당이 중심을 이루고 있기 때문에 양당제로 볼 수도 있답니다.

정당은 사람을 키우는 일도 하지요. 예나 지금이나 정치에 있어

서 지도자의 중요성은 아무리 강조해도 지나치지 않아요. 사람들을 행복하게도 만들 수도 있고 불행에 빠뜨릴 수도 있는 것이 통치자의 힘이고 책임이기 때문이지요. 물론 정치가는 정당 밖에서도 나올 수 있지만, 오늘날 현대 민주주의 제도에서는 대부분 정당을 통해 발굴되고 키워진답니다. 선거가 민주주의의 꽃이라면, 정당은 민주주의가 꽃피게 하는 화분의 역할을 하거든요.

앞서도 이야기했듯이 현대 민주주의는 보통 선거와 대의제가 핵심입니다. 국가의 규모가 커지고 사회도 복잡해진 데다 수많은 사람들이 함께 살아가기 때문에 시민들의 직접적인 지배가 불가능하니까요. 국민의 지지를 받는 전문 정치인들이 대신 정치를 할 수밖에 없다는 말이지요.

그래서 정당은 자신들이 더 나은 정치 세력이며, 자신들이 권력을 가져야 더 좋은 정치를 할 수 있다고 많은 사람들을 설득해야 하지요. 그렇기에 당연히 사람들이 지지할 만한 이념을 가져야 하며, 좋은 자질을 가진 정치가들이 속해 있어야 하는 거예요. 어떤 사람들은 정당이 국민들 사이에 편 가르기를 한다고 비판하기도 해요. 정당들이 자기만 옳다고 주장하며 다른 당과 다투고 비난을 일삼을 때도 많아요. 정당이 자신만의 뚜렷한 이념과 색깔을 표현하는 것 자체는 문제가 아니에요. 당연히 모든 정당은 식당의 메뉴처럼 자신이 옳다고 생각하는 것을 설명하고 국민의 선택을 기다려야 하는 것이니까요. 오히려 자기 색깔 없이 희미하다면 정당의 자격이 없는 것이죠. 물론 근거 없이 상대 정당을 비방하거나 부정한 방법으로 정당을 운영하면 안 되겠지만, 정책에 대한 갈등은 민주주의를 더욱 튼튼하게 하는 양분이 될 수 있답니다.

그렇다면 정당과 여러분은 무슨 관계가 있을까요? 투표도 만 18세가 되어야 할 수 있는데, 정당은 더욱 먼 이야기처럼 느껴지겠지요. 하지만 정당은 국민들에게 정치를 배울 수 있는 기회를 주어요. 그리고 정당이라고 해서 전부 정치인들로만 구성되어 있는 것은 아니에요. 일반 국민들도 정당에 참여할 수 있거든요. 자기가 직접 정치를 하지 않더라도 지지와 후원을 보낼 수 있다는 말이에요.

미국에서는 민주당은 '영 데모크라트(Young Democrats)', 공화당은 '영 리퍼블리컨(Young Republicans)'이라고 해서 어릴 때부터 자기가 좋아하는 정당의 당원이 되는 일이 드물지 않답니다.

압력 단체, 이익 단체, 시민 단체

우리 사회에는 참 많은 단체들이 있어요. 각종 동호회부터 봉사 단체, 시민 단체 들도 있지요. 그런데 이중에서 자신들의 목적과 가치 또는 이익을 위해 정부에게 영향력을 행사하는 단체를 압력 단체라고 말해요. 압력 단체는 민주 정치에 있어서 또 하나의 의사 전달 방법이라고 할 수 있지요.

앞에서 소개한 정당도 정부의 정책 결정에 영향력을 행사하기 때문에 넓은 의미에서 압력 단체로 불릴 수 있지요. 한편 압력 단체를 이익 단체라고 하기도 해요. 압력 단체라는 말이 정부에 대한 영향력을 강조하는 것이라면, 이익 단체는 이익을 위해 노력하는 단체임을 더 강조할 때 사용하지요. 예를 들면 민주노총이나 한국노총 같은 노동 단체는 노동자의 이익을 위해 정부의 노동 정책에 압력을 행사하는 것이고, 대한의사협회는 의사들의 이익을 위해 정부의 의료 정책에 압력을 행사하지요.

또한 최근 우리 사회에서 떠오르고 있는 또 다른 단체가 있는데, 바로 시민 단체랍니다. 시민 단체도 이익 단체에 포함될 수 있지만, 다른 점은 자신들의 개인적인 이익보다는 공공의 이익을 위해 일한다는 것이에요. 사회의 여러 가지 문제를 힘을 합쳐 해결하기 위해 모인 사람들의 모임이지요. 예컨대 대한의사협회는 의사들의 이익을 위해 일하는 이익 단체이지만, 시민 단체인 환경운동연합은 공적인 환경 보호를 위해 일한답니다.

우리나라는 1980년대 말 민주화를 이룩한 후 시민 단체의 숫자와 활동이 폭발적으로 증가했어요. 정치 문제에 대해 관심을 가지고 정치 개혁을 위해 일하는 시민 단체는 물론이고, 경제나 사회 문제에 관심을 기울이는 단체, 장애인이나 청소년, 여성 같은 사회적 약자를 돕는 단체 등 다양한 시민 단체들이 활동하고 있어요.

우리나라의 대표적인 시민 단체를 몇 가지만 소개하면, 국민의 정치 참여를 지원하는 '참여연대', 경제 정의를 위해 모인 '경제정

의실천시민연합', 그리고 소비자의 권리를 찾기 위해 활동하는 '녹색소비자연대' 등이 있어요. 이들은 국민의 뜻을 국가 정책에 반영하기 위해 노력하고 있고, 그 영향력이 점점 커지고 있답니다.

여러분은 어떤 일에 관심이 있나요? 지구 온난화로 북극의 빙하가 녹아내리고 북극곰들이 터전을 잃고 있다는 뉴스를 보면 환경 보호에 관심이 가나요? 환경 문제는 개인의 노력을 넘어서 국가 정책과도 관련되어 있기 때문에, 보다 적극적으로 환경 문제에 관해 고민하고 싶다면 이런 시민 단체에 관심을 가지는 것도 좋은 방법이에요. 아니면 1999년에 노벨 평화상을 받은 '국경 없는 의사회'는 어떤가요? 뜻있는 의사들이 전쟁이나 홍수, 지진 등으로 큰 재난을 당한 지역으로 가서 환자들을 돌보는 일을 하지요.

우리나라의 대표적인 시민 단체

참여연대 www.peoplepower21.org
자유와 정의, 인권과 복지가 바르게 실현되는 사회를 이루기 위해 시민들이 모여 만든 단체입니다. 시민을 괴롭히는 권력에 대해서는 맞서 싸우고, 서민과 사회적 약자를 감싸는 울타리가 되고 있습니다.

경제정의실천시민연합 www.ccej.or.kr
시민의 뜻과 힘과 지혜를 모아, 일한 만큼 대접받고 약자가 보호받는 사회를 만드는 데

도움이 되고자 설립되었습니다. '경제 정의', 즉 땀 흘려 일하는 모두가 함께 잘 사는 정의로운 세상을 만들기 위해 힘쓰고 있습니다.

녹색소비자연대 www.gcn.dothome.co.kr
갈수록 심각해지는 지구 환경의 위기를 극복하기 위해 소비자들이 함께 환경 친화적인 생활을 실천하자는 운동을 펼치고 있습니다. 일상생활의 작은 실천으로 푸르른 자연과 안전한 삶을 만들어 나갈 수 있습니다.

한국여성민우회 www.womenlink.or.kr
여성이라는 이유로 차별받지 않는 사회, 여성의 인권이 존중되는 사회, 여성이 사회 곳곳에서 남성과 동등하게 참여하는 성평등 사회를 만들기 위해 활동하고 있습니다.

한국 YMCA 연맹 www.ymcakorea.org
기독교 신앙에 바탕을 두고 교육과 사회봉사 운동을 펼치고 있습니다. 특히 청소년들이 꿈을 키우는 것을 돕는 데 앞장서고 있으며, 지역 사회에서 사회 교육, 문화, 체육 등 다양한 활동을 하고 있습니다.

녹색연합 www.greenkorea.org
백두대간을 비롯하여 우리나라의 자연과 생태계를 보전하기 위해 노력하고 있습니다. 또 사라져 가는 야생 동물과 멸종 위기 동물을 보호하는 활동, 지구 온난화를 막기 위한 활동에도 앞장서고 있습니다.

장애우권익문제연구소 www.cowalk.or.kr
장애를 가진 사람들이 겪는 어려움을 연구하고 조사해 법과 제도를 개선하고, 장애인에 대한 편견을 바꾸는 활동을 하고 있습니다. 장애를 가진 사람과 가족뿐만 아니라, 장애 문제에 관심이 있는 사람이라면 누구나 참여할 수 있습니다.

동물권행동 카라 www.ekara.org
인간의 욕심과 생명을 가벼이 여기는 풍조 때문에 많은 동물들이 고통을 겪고 있습니다. 동물 학대를 막고, 인간과 동물이 아름답게 공존하는 세상을 만들기 위해 활동하고 있습니다.

언론

언론이란 사람들에게 어떤 사실을 알리는 일을 하는 수단이나 단체를 말해요. 구체적으로 말하면 신문이나 잡지, 라디오 등을 들 수 있지요. 텔레비전이나 인터넷도 물론 언론이 될 수 있어요. 인터넷은 요즘에 와서 큰 힘을 발휘하고 있지요.

언론은 여론이 만들어지는 데 매우 큰 영향을 미쳐요. 언론은 사람들에게 정보를 주고, 사람들의 생각은 그 언론이 주는 정보를 통해 생기기 때문이지요. 어떤 문제나 사건, 정책에 대해 알아야 의견도 제시할 수 있고, 비판을 할지 칭찬을 할지 결정하니까요. 인간은 모든 경험을 직접 할 수는 없어요. 다른 사람들에게 듣고 아는 간접 경험을 더 많이 하지요. 생각해 보세요! 대통령이나 국회 의원을 직접 만나 보고 판단할 수 있는 기회는 흔치 않아요. 대부분 신문이나 텔레비전을 통해 접하게 되지요. 즉, 언론이 정치가들이 잘하는 일과 못하는 일을 국민에게 두루 알려 주는 거예요.

언론은 별명을 가지고 있는데, 다름 아닌 '제4부'예요. 앞에서 정부는 입법부, 사법부, 행정부의 3부로 나누어져 있다고 했죠? 언론을 제4부라고 부르는 것은 언론이 또 다른 권력이라는 뜻도 있고, 3부가 서로 견제하듯이 언론도 정부 전체를 상대로 견제할 수 있다는 뜻이랍니다. 언론은 이렇게 두 가지 얼굴을 가지고 있어요. 권력을 감시하는 역할을 할 수도 있고 권력을 떠받드는 시녀와 같은 역할을 할 수도 있지요. 당연히 권력을 감시하는 역할을 하는 것이 옳은 일이지만, 우리나라의 정치 역사를 보면 언론이 정보를 제대로 알려 주지 않거나 잘못된 정보를 주어 국민의 판단을 흐리게 만든 경우가 많았답니다. 그래서 독재자들은 언론을 자기 마음대로 주무르려고 하지요. 나쁜 정치를 국민들에게 알리지 못하게 하고, 알리고 싶은 것만 알리기 위해서예요. 과거보다는 많이 나아졌지만, 언론이 권력자나 소수의 특권층 입장만 대변하거나 사실을 왜곡할 때가 아직도 있답니다. 우리나라의 정치 발전을 위해 하루빨리 고쳐야 할 부분이지요.

시위

정치적 의견을 적극적으로 표현하는 방법 중에 시위가 있어요. 데모라고 부르기도 하는데요. 사람들이 거리로 몰려 나와 자신들의 의사를 적극적으로 알리는 행동이에요. 연설을 듣고, 행진을 하기도 하고, 노래를 부르기도 하며, 아니면 앉은 채로 시위를 하기도 하지요. 또 자신의 뜻을 종이에 써서 들고 알리는 피켓 시위도 있어요. 평화적으로 자신의 의견만 알리는 시위도 있지만, 과격하고 폭력적인 시위도 있지요.

시위가 역사적으로 큰 역할을 한 경우도 많아요. 앞서 소개했던 유럽의 시민 혁명들도 시위였고, 우리나라의 독립을 부르짖었던 3.1운동도 시위였어요. 4.19혁명과 1987년에 일어난 민주화의 불

길도 역시 시위로 독재 정부를 무너뜨린 역사적 경험이지요. 국민의 자유에 대한 탄압 속에서 시위는 국민의 뜻을 알리는 유일한 방법이었으니까요. 어떤 사람은 목숨을 걸고 피를 흘리며 싸우기도 했지요. 오랜 독재를 마감하고 우리나라에 민주주의를 가져온 것은 이런 희생 덕분이라는 점을 잊지 말아야 해요.

그렇더라도 시위를 보면 조금 무섭다는 생각이 들죠? 그래서 바람직하지 않아 보이거나 민주주의와 거리가 멀다고 생각하기 쉬워요. 물론 불법적이고 폭력적인 시위는 결코 좋은 방법이 아니에요. 그러나 모든 시위를 무조건 나쁘다고 할 수는 없어요. 평화적인 시위도 있고, 과격한 시위라 하더라도 국민의 자유를 빼앗고 무자비한 독재 아래에서는 어쩔 수 없는 선택인 경우도 있으니까요.

생각 넓히기

❶ 조지 갤럽이라는 사람은 지도자는 국민이 바라는 바를 달성해야 한다고 말했어요. 또 여론이 너무 변화무쌍해서 믿을 것이 못 된다고 말하는 정치인들은 자신의 지지도가 떨어지는 것을 변명하는 거라고 비판했지요. 종종 한국 사람들은 너무 빨리 달아올랐다가 금방 잊어버린다고 말합니다. 여러분은 어떻게 생각하세요? 자주 변하는 여론은 무시해도 될까요?

❷ 미국의 제16대 대통령이었던 링컨은 이렇게 말했지요. "국민의 일부를 처음부터 끝까지 속일 수는 있다. 국민 모두를 일시적으로 속이는 것도 가능하다. 그러나 전 국민을 끝까지 속이는 것은 불가능하다." 여러분은 이 말을 어떻게 생각하나요?

8장 관심과 참여가 만드는 좋은 정치

이제 여러분에게 들려줄 정치 이야기도 마지막에 도착했네요. 어때요? 이제 정치에 대해 좀 더 알게 되었나요? 관심을 가지게 되었나요? 그렇다면 참 좋겠어요. 결론을 말하기 전에 여러분에게 약간은 엉뚱하게 들릴 수 있는 질문을 하나 던지고 싶어요. 여러분 가족의 저녁 식사 풍경은 어떤 모습인가요?

미국의 한 신문에서 재미있는 설문 조사를 본 적이 있어요. 미국 가정에서는 저녁 식사를 하면서 가장 많이 나누는 대화의 소재가 정치래요. 여러분의 가정은 어떤가요? 혹시 가족들이 바빠서 아예 저녁을 같이 먹을 기회조차 가지기 힘든 건 아닌가요? 그렇지 않았으면 좋겠어요. 저의 어린 시절을 기억해 보면 밥상 앞에서 꽤 많은 얘기를 나누었던 것 같아요. 정치 이야기도 빠지지 않았지요. 대부분 아버지가 이야기하고, 어머니는 가끔씩 거들고, 우리들은 듣는 편이었지요. 이렇게 꾸준히 들던 정치 이야기 덕분에 저도 정치에 관심을 가지고, 정치학 교수까지 되었답니다. 아버지가 제 의견도 묻고 토론도 시켰다면, 아마 정치인이 되었을지도 모르겠네요. 여러분도 이 책을 읽고 부모님께 그런 식탁 풍경을 부탁해 보는 것은 어떨까요?

정치, 우리의 행복을 결정하는 열쇠

자! 이제 우리가 함께 생각해 왔던 문제의 결론을 내려 볼까요? 좋은 정치를 만드는 최고의 비결은 과연 무엇일까요?

"관심과 참여!"

네. 정답이에요! 좋은 정치는 누가 뭐라 해도 내 이웃과 사회, 그리고 국가를 사랑하고 관심을 가지는 것에서 출발한답니다. 이웃들도 살피면서 나와 내 가족의 행복도 챙기는 사람들이 많아지는 것이 곧 좋은 정치를 실천할 수 있는 최고의 방법이에요.

오늘날과 같은 대의제에서는 정치인들이 대표로 나서지만, 민주주의의 본래 정신은 모두가 정치에 참여하는 것이라고 했지요? 시민들의 관심과 참여가 없다면 옛날에 왕이나 봉건 귀족들이 마음대로 권력을 휘둘렀던 것처럼, 자기 욕심을 채우기 위한 정치를 할 거예요. 좋은 정치인들을 잘 뽑아야 하고, 그들이 누구를 위해서 일하는지, 나랏일을 잘하는지 못하는지를 지켜봐야 합니다. 그렇게 하는 것이 넓은 의미에서 직접 정치를 하는 것이니까요.

오늘날 세계 곳곳의 사람들은 많은 어려움을 겪고 있어요. 그런데 그 어려움을 깊이 들여다보면 정치가 잘못되어 있기 때문인 경우가 많아요. 그래서 우리는 앞으로 그런 일들이 일어나지 않도록 철저하게 감시해야 해요. 그것이 바로 민주 시민의 역할이지요. 이것은 그렇게 하는 것이 옳기 때문만은 아니에요. 결국 여러분에게도 도움이 되고 이웃을 위한 일이기도 하답니다.

그런데 걱정스러운 것은 선거에 참여하는 사람들이 점점 줄어들고 있다는 거예요. 대통령과 국회의원, 그리고 지방의 공직자들을 뽑는 선거의 투표율이 계속 낮아지고 있어요. 시민들의 뜻대로 일할 사람들을 뽑는 선거에서 투표율이 낮아진다는 것은 좋은 정치를, 민주주의를 처음부터 포기하는 것이지요. 물론 이것은 그동안 너무 많은 실망을 안겨 준 정치인들의 잘못이 큽니다. 하지만 정치인들은 국민의 행복을 책임진 사람들이에요. 우리의 삶이 행복해지느냐 아니면 불행해지느냐가 달린 문제이기 때문에, 실망스럽다고 해서 포기할 수는 없지요.

선거를 포함해 다양한 방법을 통한 정치 참여는 큰 힘을 발휘할 수 있어요. 좋은 대표자를 뽑을 수 있고, 잘못된 제도도 바꿀 수 있고, 사회를 깨끗하고 정직하게 만들 수도 있지요. 우리의 삶을 행복하게 만들 수도 있고요. 물론 이런 바람이 다 이루어지려면 지금보다 훨씬 더 많은 노력을 기울여야 하겠지요.

요즘 세계 곳곳에는 한국 드라마가 인기리에 방송되고 있고, 케

이팝(K-Pop)에 대한 관심도 뜨겁지요. 손흥민, 류현진, 우상혁 같은 선수들도 해외에서 훌륭한 실력을 뽐내고 있고요. 이런 모습을 보면 우리도 덩달아 자랑스러워요. 하지만 이보다 앞서 우리의 행복을 결정하고 더 큰 영향을 미치는 것이 정치라는 사실을 잊어서는 안 돼요. 인간은 함께 어울려 살아야 하고, 그 속에서 갈등과 다툼은 언제나 일어나게 마련이기 때문에 정치를 피해서 살 수는 없어요. 좋든 싫든, 알든 잘 알지 못하든, 여러분의 행복을 결정하는 가장 큰 열쇠가 바로 정치랍니다.

이런 말이 있지요? "피할 수 없으면 즐겨라!" 정치가 바로 이와 같은 것이 아닐까요? 정치라면 무조건 싫다는 생각을 이렇게 바꿔 보는 건 어떨까요? 내가 주도적으로 세상을 바꾸는 일에 뛰어드는 거예요. 여러분이 모두 정치에 관심을 가지고, 좋은 정치를 통해 우리가 모두 공평하고 정의롭게 그리고 인간답게 살 수 있다는 믿음을 가졌으면 좋겠어요.

여러분도 좋은 정치가가 될 수 있어요

이 책을 읽으면서 혹시 여러분도 정치인이 되고 싶다는 생각이 들지는 않았나요? 그런 어린이가 있다면 큰 박수를 보내 주고 싶어요. 아직 먼 얘기일 수도 있고, 자신에게 그런 소질이 있을까 걱정스러울 수도 있지요. 그러나 이것만 알아 두세요. '관심'만으로도 충분하다는 것을요.

또 하나, 좋은 정치는 가능하다는, 그런 사회를 이루어 낼 수 있다는 마음이 중요해요. 약한 사람을 배려하고 남을 위해 희생하고자 하는 마음을 가진 정치가가 많이 나와야 우리 사회가 행복해질 수 있답니다.

그리고 정치는 말의 힘이 매우 중요해요. 인간은 정치적 존재라는 말 속에는 '말로 문제를 해결할 수 있는 존재'라는 뜻도 담겨 있거든요. 폭력이나 싸움을 통해서가 아니라 토론과 설득을 통해 문제를 해결할 수 있다는 것이지요. '말 한 마디로 천 냥 빚을 갚는다.'라는 속담도 있잖아요. 마틴 루서 킹 목사나 링컨 대통령, 김대중 대통령 같은 분들의 연설은 사람의 마음을 움직이고 변화를 가져오는 힘이 있었답니다.

여러분이 토론하기를 즐기고, 사람 만나기를 좋아하고, 신문이나 책 읽기를 좋아한다면 훌륭한 정치인이 될 수 있어요. 어린이 여러분들이 장래희망으로 "정치인!"이라고 자랑스럽게 말할 수 있는 날이 오기를 바랍니다.

위대한 정치가 만델라, 간디, 링컨

마지막으로 이 책을 읽는 어린이 여러분들이 정치가의 꿈을 키우고 언젠가 훌륭한 정치가가 되었으면 하는 바람으로, 인류의 역사에 큰 획을 그은 위대한 정치가를 몇 명 소개하려고 해요.

먼저 소개할 사람은 넬슨 만델라(Nelson Mandela)예요. 만델라는 남아프리카 공화국에서 350년간 계속되었던 흑인에 대한 인종 차별을 끝내고, 최초의 흑인 대통령이 된 인물이지요. 만델라의 생애는 그야말로 투쟁의 연속이었어요. 1918년에 남아프리카 템 부족의 족장 아들로 태어나, 1940년에 대학에 진학하면서 곧바로 백인 정부의 차별 정책에 대항해 시위에 적극 참여했어요. 감옥에 여러 번 갔다 왔지만 옳지 못한 인종 차별을 조국의 땅에서 몰아내겠다는 결심은 오히려 불타올랐지요.

1944년에는 아프리카 민족 회의라는 조직을 만들고 인종 차별에 저항하는 운동을 시작했어요. 특히 만델라는 남아프리카 공화국에서 흑인으로서는 최초로 변호사가 되어 흑인 인권 운동에 힘썼지요. 그리고 1960년 3월 백인에 의한 흑인 학살 사건이 터지자 정부에 대항해 강력하게 싸우다가 종신형을 받고 감옥에 갇히고 말았지요.

넬슨 만델라는 1962년부터 1990년까지 무려 27년을 감옥에서 보냈어요. 가로세로 3미터에 불과한 좁은 방에서 1만 번의 낮과 1만 번의 밤을 보냈지만 그의 꿈과 의지는 조금도 약해지지 않았지요. 차별 없는 세상을 향한 용감한 투쟁을 알게 된 세계인들은 그에게 많은 응원을 보냈고 마침내 석방이 되었어요.

만델라의 위대함은 석방 후에 보인 그의 행동에서 더 크게 드러났지요. 그는 수십 년 동안 자신을 괴롭힌 사람들에 대한 복수보다는 인종 차별 없는 조국을 만들기 위해 백인들과 화해하고 협상했어요. 이런 노력 덕분에 마침내 남아프리카 공화국의 흑인들도 백인과 마찬가지로 1인 1투표권을 얻게 되었고요. 수십 년 동안 갖은 고난 속에서도 포기하지 않았던 거룩한 꿈이 이루어진 것이랍니다. 그 공로로 만델라는 1993년에 노벨 평화상을 수상했어요.

넬슨 만델라는 평생 진정한 평화주의자, 위대한 정치인의 모습을 보여 주었어요. 차별 없는 아프리카를 꿈꾸며 모든 것을 바쳐 꿈을 이루어 내고야 만 만델라는 아프리카의 진정한 영웅일 뿐 아니라, 인종 차별의 편견을 극복하고 평화와 평등을 세계에 알린 위대한 정치인이지요.

2011년 7월 18일은 만델라의 93번째 생일이었어요. 그날 남아프리카 공화국 전국의 학급 조회 시간에는 무려 1,200만 명이 넘는 학생들이 동시에 만델라에게 생일 축하 노래를 불러 주었다고 해요. 기네스북에 오른 이 기록도 놀랍지만, 그가 국민들에게 얼마나 사랑과 존경을 받는 지도자인가를 말해 주지요.

그가 남긴 말 중에 두 가지만 소개하고자 합니다.

"나는 스스로도 평화로울 수 있는 아프리카를 꿈꾼다."

"나는 일생 동안 백인이 지배하는 사회에, 그리고 흑인이 지배하는 사회에도 맞서 싸워 왔다. 모든 사람들이 평등한 기회를 가지고 함께 살아가는 사회를 건설하고자 했다. 필요하다면 그런 소망을 위해 나는 죽을 준비가 되어 있다."

두 번째로 소개할 사람은 인도의 마하트마 간디(Mahatma Gandhi)예요. 여러분도 잘 알고 있는 인물이죠? 간디는 인도의 국민들이 거의 성인으로 추앙할 정도로 존경받는 정치 지도자예요. 간디는 영국의 폭압적인 식민지 정책에 맞서 인도의 독립을 이끌었는데, 특히 비폭력 저항을 주장한 평화주의자였지요.

간디는 인도 구자라트 포르반다르 공국의 총리대신의 아들로 태어났어요. 당시 인도는 여러 영주들이 다스리는 소왕국들로 구성되어 있었지요. 영국은 이들끼리 서로 대립하게 만들기도 하고 자기편으로 매수하기도 하면서 식민지 지배를 강화해 나가고 있었어요. 간디는 좋은 집안에서 태어났기에, 마음먹기에 따라 영국에게 아부하면서 편안하게 살 수도 있었지요. 그렇다고 간디가 모범적이기만 한 소년이었던 것은 아니에요. 청소년 시절에는 엇나가는 생활도 했답니다. 좀도둑질을 포함해서 여러 가지 나쁜 행동을 하기도 했지요. 또 런던 유학 시절 초기에는 사교댄스를 즐기고, 영국 신사처럼 옷을 입고, 바이올린 연주를 하며 화려하게 살려고 한 적도 있었어요.

그러나 주권을 잃어버린 국민들의 아픔을 깊이 깨닫고, 인도인에 대한 영국인의 심한 차별을 경험하면서 생각이 바뀌었어요. 관심 분야도 달라졌지요. 인도의 문화, 철학, 종교를 깊이 공부한 후 인도의 미래를 위해 일하기로 결심하고 조국으로 돌아왔어요. 영국으로 갈 때는 양복 차림이었지만, 돌아올 때는 터번에 인도 전통 복장을 한 민족주의자의 모습을 하고 있었어요. 겉모습만 달라진 것이 아니었답니다. 간디는 물질주의 사회를 비판하고, 청렴과 결백, 믿음과 헌신, 금욕주의를 몸소 실천했어요.

그러나 인도에 대한 영국의 탄압은 점점 심해졌고, 마침내 암리차르에서 대규모 학살 사건이 터졌어요. 인도 탄압에 대한 법을 폐지하라고 요구하는 인도인들에게 영국군이 무차별 사격을 가한 거예요. 이 사건으로 4천 명이 넘게 목숨을 잃는 비극이 발생하자, 간디는 본격적으로 영국에 대한 불복종 투쟁을 시작했어요. 하지만 그는 폭력이 아니라 철저하게 비폭력으로 맞섰지요. 처음에는 무모해 보였지만, 그의

비폭력 저항 운동은 많은 사람들의 공감을 얻었고, 마침내 인도의 독립을 이루어 냈답니다.

　간디는 말뿐 아니라 스스로 행동하고 실천하는 지도자였어요. 우리가 원하는 좋은 정치가의 모습을 갖추었다고 할 수 있지요. 영국과의 비폭력 투쟁 과정에서 무려 열한 번이나 목숨을 건 단식 투쟁을 벌이기도 했지요. 간디의 비폭력 운동은 훗날 미국의 마틴 루서 킹 목사의 비폭력 흑인 민권 운동에도 큰 영향을 끼쳤답니다.

　간디가 남긴 명언은 너무나도 많지만 좋은 정치에 관한 그의 신념이 담긴 말 몇 가지를 소개할게요.

"민주주의에 대한 나의 생각은 그 사회에서 가장 약한 자와 강한 자가 기회를 똑같이 가질 수 있다는 것이다."

"나는 인도의 한 시민으로서, 양심을

존중하는 한 사람으로서 이 나라를 위해 정의를 실천하고자 한다. 이 신념 때문에 처벌된다면 나는 서슴지 않고 중죄인이 될 명예를 얻고자 할 뿐이다."

마지막으로 소개할 사람은 미국의 제16대 대통령 에이브러햄 링컨(Abraham Lincoln)이에요. 링컨은 미국만이 아니라 전 인류에게 자유와 평등의 가치를 일깨운 위대한 정치가예요. 우리나라의 노무현 대통령과 미국의 오바마 대통령을 비롯해 세계의 많은 사람들이 그를 본받을 만한 최고의 정치가로 손꼽았지요. 러시아의 소설가 톨스토이는 그를 가리켜 '작은 예수'라고까지 칭송했답니다.

링컨은 미국에서 흑인 노예 제도를 철폐한 노예 해방자로 유명해요. 민주주의 발달의 가장 중요한 출발을 이룬 미국에서는 부끄럽게도 흑인 노예 제도를 가지고 있었는데, 이것을 링컨이 해결해 냈지요. 하지만 그의 또 다른 위대함은 미국의 건국 정신인 자유와 평등의 사회를 실천한 위대한 정치가라는 거예요. 특히 미국이 남과 북으로 나뉘어 치열한 전쟁을 치르며 무너지기 직전까지 갔던 상황에서 링컨은 화합을 이끌며 국민들의 고통과 아픔을 어루만져 주었답니다.

링컨은 집이 가난해 제대로 된 학교 교육도 받지 못했지만, 성실함과 끈기로 대통령까지 이른 인물이에요. 매우 인간적이고 따듯한 성품을 지니고 있어 많은 사람들이 따랐어요. 특히 그는 약한 사람들의 편에 서기를 좋아했어요. 또 민주주의를 대변한 웅변가로서 존경을 받았지요. 그는 민주주의의 이념을 실천한 훌륭한 본보기로서 미국 연방을 지켜 내야 한다는 것을 사람들에게 잘 설득시켰지요. 그런 생각과 노력에서 나온 것이 바로 유명한 '게티즈버그 연설'이에요.

끝으로 국민에 의한 민주주의 정치의 소중함을 누구보다도 엄숙하게 강조한 링컨의 게티즈버그 연설문을 함께 읽으면서 좋은 정치란 무엇인지 다시 한번 생각해 보기로 해요. 이 연설은 링컨이 남북 전쟁 중이던 1863년 11월 19일, 미국 펜실베이니아주 게티즈버그 국립묘지에서 했던 거예요. 짧은 연설이지만 미국 역사상 가장 많이 인용된 연설이자, 민주주의에 대한 가장 위대한 연설로 알려져 있지요. 전투에서 숨진 병사들을 위로하는 것에 그치지 않고, 남북 전쟁이 단순한 전쟁이 아니라 미국인들에게 진정한 자유와 민주주의를 지키기 위한 투쟁임을 강조하고 있어요.

특히 마지막 구절인 "국민의, 국민에 의한, 국민을 위한 정부(government of the people, by the people, for the people)"는 민주주의 정신의 핵심을 너무나 잘 표현하고 있답니다.

87년 전 우리의 선조들은 자유 속에 잉태된, 모든 사람은 평등하다는 믿음에 바쳐진 새 나라를 이 땅에 건설했습니다. 지금 우리는 그렇게 태어나고 바쳐진 나라가 얼마나 오래 버틸 수 있는가를

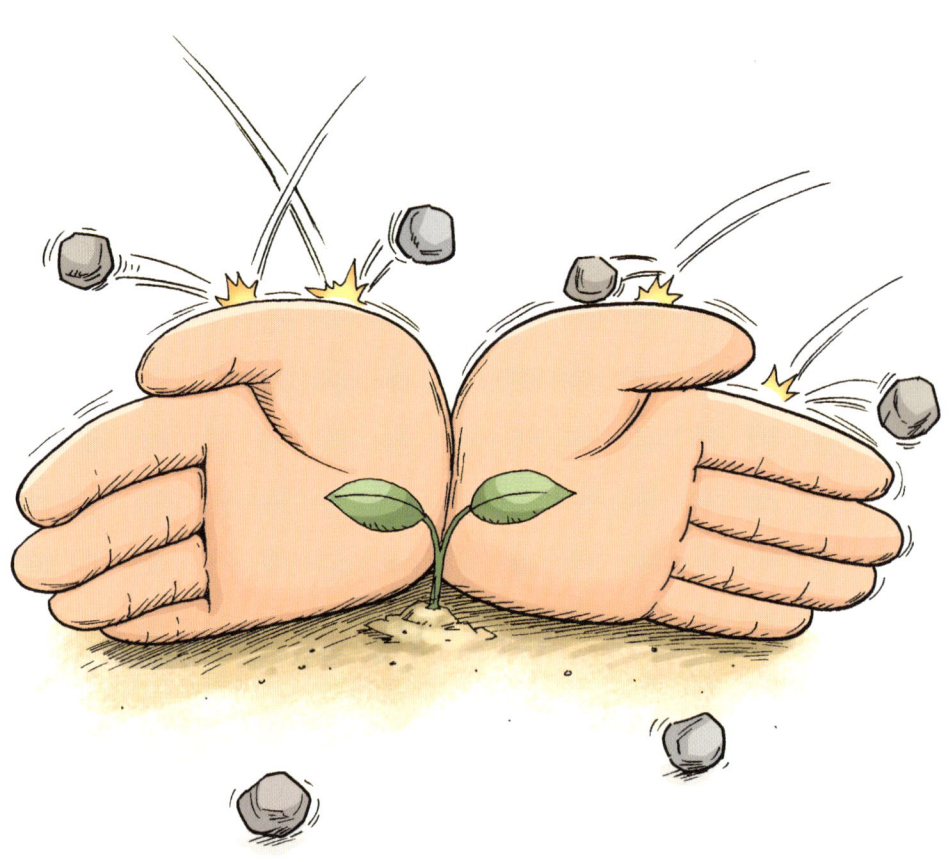

시험받는 내전을 치르고 있습니다. 우리는 그런 전쟁의 대격전지에 모였습니다. 우리는 나라를 살리기 위해 이곳에 생명을 바친 이들에게 이 땅의 일부를 마지막 안식처로서 바치기 위해 모였습니다. 이것은 우리가 그들에게 해야 하는 마땅하고 옳은 일입니다.

그러나 보다 넓은 의미에서, 우리는 이 땅을 바치거나, 봉헌하거나, 신성하게 할 수는 없습니다. 이곳에서 싸우면서 죽거나 살아남은 용사들이 이미 이 땅을 신성하게 했으며, 우리의 미약한 힘으로는 더 이상 보탤 수도, 뺄 수도 없기 때문입니다. 지금 이 자리에서 우리가 말하고 있는 것을 세상은 주목하지도, 오래 기억하지도 않을 것입니다. 그러나 그들이 이곳에서 한 일을 세상은 결코 잊지 못할 것입니다.

살아남은 우리에게 남겨진 일은 이곳에서 싸운 이들이 고결하게 추구해 온 끝나지 않은 일에 헌신하는 것입니다. 우리들에게 남은 일은 오히려, 명예롭게 죽은 이들의 뜻을 받들어, 그분들이 마지막 모든 것을 바쳐 헌신한 그 큰 뜻에 더욱 헌신하는 것입니다.

그것이 그분들의 죽음을 헛되지 않도록 만들고, 하나님의 보호 아래 이 땅에 새로운 자유를 탄생시키며, 국민의, 국민에 의한, 국민을 위한 정부가 지구상에서 사라지지 않도록 하는 일입니다.

생각 넓히기

❶ 공자는 "정치는 세상의 모든 이름을 바로 세우는 것이다."라고 했어요. 모든 사람이 자기가 가진 이름에 맞게 의무를 다하면 곧 정치가 되는 것이라는 말입니다. 선생님은 선생님이라는 이름에 맞게, 학생은 학생이라는 이름에 맞게, 국회의원은 국회의원이라는 이름에 맞게 말이지요. 공자의 이 이야기에 대한 여러분의 생각은 어떠한가요?

❸ 이 장에 소개된 세 명의 정치가 이외에 여러분들이 생각하는 훌륭한 정치가는 누가 있을까요? 혹시 없다면 부모님이나 선생님에게 여쭈어 보고 그 인물에 대해서 조사해 보세요.

궁금했어, 정치

좋은 정치란 어떤 것일까요?

초 판 1쇄 발행 2012년 5월 15일
개정판 1쇄 인쇄 2022년 9월 5일
개정판 2쇄 발행 2023년 7월 13일

지은이 | 김준형
그린이 | 박종호
펴낸이 | 한순 이희섭
펴낸곳 | (주)도서출판 나무생각
편집 | 양미애 백모란
디자인 | 박민선
마케팅 | 이재석
출판등록 | 1999년 8월 19일 제1999-000112호
주소 | 서울특별시 마포구 월드컵로 70-4 (서교동) 1F
전화 | 02)334-3339, 3308, 3361
팩스 | 02)334-3318
이메일 | book@namubook.co.kr
홈페이지 | www.namubook.co.kr
블로그 | blog.naver.com/tree3339

ISBN 979-11-6218-215-4 73340

값은 뒤표지에 있습니다.
잘못된 책은 바꿔 드립니다.